V&R

Walter Trobisch

mit dir

Partnerschaft in der Erprobung

Deutsche Ausgabe von

I married you

Sechste Auflage des Buches

Heiraten oder nicht

Vandenhoeck & Ruprecht in Göttingen

Titel der 1. Auflage dieses Buches:
Heiraten oder nicht
Titel der 2. Auflage dieses Buches:
Heiraten – warum nicht?

Titel der englischen Originalausgabe:
«I married you», Harper & Row, New York
und Inter-Varsity Press, London

CIP-Titelaufnahme der Deutschen Bibliothek
Trobisch, Walter:
Mit dir: Partnerschaft in der Erprobung/
Walter Trobisch. – 6. Aufl. des Buches
«Heiraten oder nicht». – Göttingen:
Vandenhoeck und Ruprecht, 1991
Einheitssacht.: I married you ⟨dt.⟩
ISBN 3-525-60346-0

6. Auflage 1991

Gesamtherstellung: Clausen & Boss, Leck

VORWORT

Die Begebenheiten dieses Buches gehen auf wirklich Geschehenes zurück, die Gespräche auf wirklich geführte Gespräche. Ich habe mich jedoch bemüht, sie so zusammenzustellen, daß der Hauptort des Geschehens und die Beteiligten nicht identifiziert werden. Meine afrikanischen Gesprächspartner kennen den Text und möchten, daß dieses Buch vielen Menschen in aller Welt hilft. Denn wir sind davon überzeugt, daß die meisten Probleme zwischen den Geschlechtern in vielen Ländern die gleichen sind. Die hoffnungsvollen Erfahrungen dieses Buches sollen nicht darüber hinwegtäuschen, daß wir nicht alle Probleme bewältigen können und an zahlreichen Menschen versagen. Aber sie sollen Hoffnung wecken, weil es Hoffnung gibt.

A–4880 St. Georgen
Österreich

Walter Trobisch

I

Die Erde kam näher. Die Zementfläche der Rollbahn löste das Buschgras ab. Die Räder setzten auf, sprangen noch einmal kurz hoch, setzten wieder auf, begannen zu rollen. Der Motor heulte auf. Der Pilot bremste scharf ab, schwenkte ein in Richtung des Flughafengebäudes. Dann stand die Maschine still.

Ich war da.

Nun löste ich meinen Sicherheitsgurt, warf meinen Wintermantel über den linken Arm, ergriff mein Handgepäck und schob mich mühsam durch den Mittelgang auf den Hinterausgang zu.

Die afrikanische Stewardess grüßte mit einem Lächeln. Ihr hellbraunes Kleid paßte ausgezeichnet zu ihrer dunkelbraunen Haut.

«Good-bye, Sir. Ich hoffe, Sie hatten einen angenehmen Flug.»

Ich dankte und kletterte vorsichtig die schmale Landungstreppe hinunter. Die Hitze traf mich wie ein Schlag. Ich war wieder in Afrika.

Einen Bus gab es nicht. So schloß ich mich den anderen Passagieren an, die von der Sonne geblendet auf das Gebäude zugingen.

Etwa auf halbem Weg stand ein Mädchen. Sie trug die gleiche Uniform wie die Stewardess im Flugzeug und musterte mit den Augen die Passagiere, als warte sie auf jemanden, den sie kenne. Plötzlich trat sie auf mich zu und nannte fragend meinen Namen.

Ich war überrascht. «Woran haben Sie mich denn erkannt?»

«Ihr Bild steht doch auf der Rückseite Ihres Buches. Ich bin Miriam. Ich habe Ihnen einmal geschrieben.»

Miriam? Miriam? Ich versuchte mich zu erinnern.

«Habe ich Ihnen geantwortet?»

«Ja, natürlich.»

«Und was habe ich geantwortet?»

«Sie schrieben, eine Entlobung sei immer noch das kleinere Übel im Vergleich zu einer Scheidung.»

Jetzt erinnerte ich mich langsam. Ich setzte mein Handgepäck nieder und sah Miriam an. Sie war klein und zierlich, mit feinen Gesichtszügen. Ihre lebendigen braunen Augen funkelten unter einer klugen Stirn. Das lange, dunkle Haar, fast blauschwarz, war geglättet und hinten hochgesteckt, wie es moderne Afrikanerinnen heute gern tragen.

«Sie haben mir geschrieben», erinnerte ich mich, «daß Sie Ihren Gefühlen nicht ganz trauen; Sie wußten nicht, ob sie tief genug sind für eine Ehe.»

«Und Sie haben geantwortet, ich soll auf meine Gefühle hören. Wenn nichts daraus wird, merkt es das Mädchen meist zuerst.»

Allmählich fiel mir der ganze Briefwechsel wieder ein. Sie war ein Jahr älter als ihr Verlobter, hatte vier Jahre länger die Schule besucht und verdiente mehr als er. Das gab ihr zu denken.

«Aber, sehen Sie, ich kann ihn doch nicht einfach im Stich lassen! Ich weiß, daß er mich liebt, und irgendwie kommt es mir so vor, als liebe ich ihn auch. Manchmal weiß ich nicht mehr, was ich eigentlich fühle.»

«Wissen Sie, Miriam, das können wir nicht alles hier besprechen. Ich bin ja noch nicht einmal durch die Paßkontrolle gegangen.»

«Entschuldigen Sie bitte.»

Sie ergriff einen Henkel meiner schweren Tasche. Ich faßte den zweiten und mit der anderen Hand meine Aktenmappe. So gingen wir auf das Flughafengebäude zu.

Ich war immer noch nicht ganz mit meiner Überraschung fertig. Einen Mann von sich aus anzusprechen, ist schon ungewöhnlich für ein afrikanisches Mädchen. Einen Ausländer, gar noch einen Weißen anzureden, erst recht. Aber ein Gespräch über persönliche Probleme auf dem Rollfeld des Flughafens zu beginnen, das war nun wirklich außerordentlich. Afrika ändert sich schnell, dachte ich.

«Entschuldigen Sie», begann sie wieder, während wir nebeneinander hergingen, «aber ich muß unbedingt mit Ihnen reden. Unser Pfarrer sagte uns, daß Sie nur vier Tage hier sein können. Da entschloß ich mich, den anderen zuvorzukommen. Ich bin bei der Fluggesellschaft angestellt. Deshalb konnte ich hier herauskommen.»

«Gehören Sie zu Pfarrer Daniels Gemeinde?»

«Ja. Er ist übrigens auch da, um Sie abzuholen. Sie werden ihn sehen, wenn Sie durch den Zoll gegangen sind.»

Wir stellten uns bei der Paßkontrolle an. Ich hatte den Eindruck, daß sie weitersprechen wollte. Sie hatte es sich ja einige Mühe kosten lassen, dieses Gespräch herbeizuführen. Darum wollte ich sie nicht enttäuschen. So nahm ich unsere Unterhaltung wieder auf.

«Miriam, warum haben Sie sich eigentlich mit diesem jungen Mann verlobt, ehe Sie Genaueres von ihm wußten?»

«In unserem Land kann ein Mädchen nur mit einem jungen Mann reden und mit ihm ausgehen, wenn sie mit ihm verlobt ist. Bei uns gibt's keine ‹boyfriends›!»

«Ja, richtig.»

«Sie schreiben in Ihrem Buch, daß man sich erst verloben soll, wenn man sich genau kennt. Wir können uns aber erst kennenlernen, wenn wir uns verlobt haben.»

«Das haben Sie gut gesagt.»

«Ja, aber was nützt mir das? Wie soll ich das Problem lösen?»

«Ich weiß es nicht.»

Ich war jetzt an der Reihe, meinen Paß vorzuzeigen.

«Sie sind Tourist?» fragte mich der afrikanische Polizeibeamte.

«Ich soll hier in einer Kirche Vorträge halten.»

«Worüber?»

«Ehefragen.»

Er blickte mich kurz an. Dann drückte er ohne weiteren Kommentar einen Stempel in meinen Paß.

Miriam begleitete mich in die Zollhalle, wo das aufgegebene Gepäck abgeholt werden mußte.

«Er sagt, wenn ich ihn verlasse, bringt er sich um.»

«Bringt sich um? Meint er das im Ernst?»

«Wer weiß? Auf jeden Fall habe ich Angst.»

«Vielleicht sollte ich einmal mit ihm reden.»

«Ach, das wäre schön. Er wird heute abend auch in der Kirche sein.»

«Dann müssen Sie ihn mir vorstellen, gleich nach dem Vortrag.»

«Danke», sagte sie, «vielen Dank!» Sie sprach das sehr erleichtert aus. Ich schloß daraus, daß sie von Anfang an vorgehabt hatte, eine Begegnung zwischen ihrem Verlobten und mir herbeizuführen.

Mein großer Koffer wurde jetzt gebracht. Miriam sagte etwas in ihrer Muttersprache zu dem Zollbeamten, den sie zu kennen schien. Er winkte uns weiterzugehen. Ein Träger folgte uns mit dem Koffer in die Vorhalle, wo die Angehörigen oder Freunde der Reisenden warteten.

Pfarrer Daniel kam auf mich zu, ergriff meine beiden Arme, wie es Afrikaner bei der Begrüßung tun, und umarmte mich dann.

«Willkommen», sagte er. «Herzlich willkommen!»

Er trat einen Schritt zur Seite und gab mir den Blick frei auf eine Frau mit dunklen, sprechenden Augen, die hinter ihm gestanden hatte. «Das ist Esther.» Sie mochte etwa Mitte dreißig sein und trug ein langes, dunkelgrünes Kleid mit einem schwarzen Muster, zu dem ein gelbes Kopftuch geschmackvoll ausgewählt war. Auf dem linken Arm hielt sie ein Baby und an der rechten Hand einen kleinen Jungen, den ich auf drei Jahre schätzte. Sie ließ ihn los und reichte mir die Hand auf europäische Art, während sie scheu und etwas verlegen zur Seite sah.

«Willkommen in unserem Land», sagte sie.

Der kleine Junge sah neugierig zu mir auf. Aber als ich mich zu ihm hinabbeugte, um ihn zu begrüßen, versteckte er sich hinter seiner Mutter und hielt sich mit beiden Händen an ihrem Rock fest. Mir fiel mit Schrecken ein, daß ich keine Geschenke mitgebracht hatte.

«Wir waren im Restaurant im ersten Stock und haben zugesehen, wie du ausstiegst», sagte Daniel. «Du hast genau eine Minute nach deiner Ankunft mit deiner Arbeit begonnen. – Woher kennst du Miriam?»

«Nur aus Briefen. Wir haben einige Male korrespondiert.»

Miriam war nun auch etwas verlegen. Sie verabschiedete sich schnell, sie habe jetzt Dienst. «Aber heute abend komme ich zu Ihrem Vortrag.»

Wir verließen das Flughafengebäude und gingen über den Parkplatz zu Daniels Auto. Es war ein kleiner Volkswagen. Daniel verstaute mein Gepäck und bezahlte auch den Träger.

Esther stieg mit den beiden Kindern hinten ein, und ich nahm neben Daniel Platz.

«Wie lange ist es eigentlich her, seit wir uns zum erstenmal gesehen haben, Daniel?»

«Genau zwei Jahre.»

Ich war Daniel nur ein einziges Mal begegnet, und zwar auf einer ökumenischen Konferenz. Damals hatte er mich dringend eingeladen, einmal Vorträge in seiner Gemeinde zu halten. Aber bis zum heutigen Tage war es mir nicht möglich gewesen, dieser Einladung zu folgen.

Wir fuhren eine Weile schweigend. Dann versuchte ich, mein Herz zu erleichtern.

«Ich habe Angst vor heute abend, Daniel. Es wäre mir lieber, wir würden erst morgen mit den Vorträgen beginnen.»

«Wenn du nur vier Tage bleiben kannst, müssen wir heute anfangen. Bist du zum erstenmal in unserer Stadt?»

«Ja, leider. Ich war schon in vielen afrikanischen Ländern, aber noch nie in eurem Land. Ich weiß ein wenig Bescheid über eure Sitten und Gebräuche, aber so gut wie nichts über eure besonderen Probleme.»

«Das könnte auch ein Vorteil sein», meinte Daniel und zwinkerte mir dabei zu. «Unsere Jugend ist jedenfalls sehr gespannt auf deine Vorträge.»

«Und die ältere Generation?»

«Die ist nicht so begeistert. Für sie gehören Ehevorträge nicht in eine Kirche. Vor allem sexuelle Probleme sind absolut tabu.»

«Ich weiß.»

«Ich nehme an, das ist mehr oder weniger in ganz Afrika so. Wie ist das bei euch in Europa?»

«Im Grunde nicht viel anders. Den Christen ist es peinlich, darüber zu reden, und die viel darüber reden, sind meist keine Christen.»

«Jedenfalls mußt du vorsichtig sein. Es wäre mir am liebsten, wenn du mindestens bei deinem ersten Vortrag noch nicht so viel über Sex reden würdest.»

«Ich will es versuchen.»

«Und drück dich bitte so einfach wie möglich aus; wenn es geht, ohne abstrakte Begriffe und Fachwörter.»

«Das ist nicht so einfach für einen Deutschen.»

«Ich glaube es dir, aber du mußt ja englisch sprechen. Da ist die Versuchung nicht so groß. Bring einfache, kurze Sätze, bitte, so daß ich Satz für Satz dolmetschen kann.»

«Ich werde mir Mühe geben», sagte ich, aber meine Bangigkeit wuchs.

«Habt ihr eine Wandtafel in der Kirche?»

«Ich kann eine besorgen.»

Wir waren in der Innenstadt angekommen. Wenn die dunkelhäutigen Menschen nicht gewesen wären, hätte sich das Bild, das sich bot, nicht sehr von dem einer europäischen Stadt unterschieden: Fußgängersteige, Verkehrsampeln, Neonreklamen, hohe Gebäude von Banken und Versicherungsgesellschaften, Hotels, Restaurants, Reisebüros, Supermärkte – und der unablässige Strom eines dichten Verkehrs.

«Ist Ihre Familie wohlauf?» Es war Esther.

«Danke. Alle sind gesund.»

«Wie viele Kinder haben Sie?»

«Fünf, aber sie sind etwas älter als Ihre Kinder.»

«Waren sie nicht traurig, als Sie wegfuhren?»

«Sie wären am liebsten mitgekommen. Vier von ihnen sind ja in Afrika geboren. Für sie ist Afrika die Heimat.»

«Wird Ihre Frau auch kommen?»

«Ich hoffe, sie kann wenigstens am Wochenende hier sein.»

«Das wäre aber schön!»

Ich mußte jetzt an meine Frau denken und daran, wieviel leichter es heute abend wäre, wenn sie dabeisein könnte. Je mehr ich an sie dachte, um so einsamer fühlte ich mich.

«Wir wollten dich einladen, bei uns zu wohnen», erklärte Daniel. «Aber wir haben uns doch entschlossen, dich lieber in einem Hotel unterzubringen. Es geht nicht sehr still zu in unserem Haus, denn wir haben dauernd Besuch. Außerdem könnte es sein, daß manche Leute dich sprechen möchten, die nicht so gern ein Pfarrhaus betreten.»

«Ich hätte gern bei euch gewohnt», antwortete ich, «aber ich kann deine Überlegungen gut verstehen.»

«Darf ich Sie zum Abendbrot einladen?» fragte Esther.

«Danke für die Einladung, Esther, aber ich fürchte, ich habe keine

Zeit. Ich muß mich noch umziehen. Ich habe ja noch meine Wintersachen an. Außerdem möchte ich mich noch etwas vorbereiten auf heute abend. Es wäre mir lieber, ich könnte erst nach dem Vortrag etwas essen.»

«Gut, ich wollte es nur wissen. Daniel sagt es mir nämlich nie vorher, wenn er Gäste zum Essen heimbringt. Deswegen frage ich lieber gleich selber.»

Ein kurzes Schweigen trat ein.

«Wann kommst du zum Abendbrot, Daniel?» fragte Esther ihren Mann.

«Das weiß ich noch nicht. Ich habe jemand bestellt vor dem Abendvortrag. Ich kann noch nicht sagen, wie lange es dauern wird.»

«Immer dasselbe. Du sagst mir nie, wann du zu den Mahlzeiten heimkommst und wen du mitbringst.»

«Esther teilt dir unser Eheproblem mit.» Daniel versuchte es scherzend zu sagen. Ich konnte Esthers Gesicht nicht sehen, darum war ich nicht sicher, wie ernst sie es meinte. Ihre Stimme klang etwas gereizt.

Mein Hotelzimmer war ein sauberes Einzelzimmer mit Bett, Schreibtisch und Telefon. Vor dem Fenster hatte es eine kleine Sitzecke mit Sofa, Sessel und einem Rauchtischchen. Das Zimmer machte einen freundlichen Eindruck. Ja, hier konnte man Gespräche führen.

«Ich kann dich leider zum Abendvortrag nicht selber abholen», sagte Daniel, «aber ich werde dir jemanden schicken, der dich zur Kirche bringt.

Ich trat ans Fenster und sah hinaus. Mein Zimmer lag im vierten Stock, so daß ich die Dächer der Nachbargebäude überblicken konnte. Ich hatte sie ja schon von oben, vom Flugzeug aus, gesehen. Jetzt waren sie mir näher. Sehr nahe sogar.

Dann duschte ich und zog mich um, nahm die Notizen meines ersten Vortrags aus der Aktentasche und breitete sie vor mir auf dem Schreibtisch aus.

Ich las sie, aber sie schwiegen mich nur an. Fade und langweilig. Fast in jeder zweiten Zeile stieß ich auf einen jener abstrakten Begriffe, vor denen Daniel mich gewarnt hatte. Die Entmutigung drückte mich immer mehr.

Plötzlich klingelte das Telefon. Wer konnte mich jetzt anrufen in dieser fremden Stadt?

Es war die Telefonistin in der Hotelzentrale. «Einen Augenblick bitte, Sie bekommen einen Anruf.» Dann meldete sich eine weibliche Stimme und nannte fragend meinen Namen. Ich bejahte.

«Ich habe in der Zeitung gelesen, daß Sie heute abend einen Ehevortrag halten. Stimmt das?»

«Ja, aber wie haben Sie denn meine Telefonnummer gefunden?»

«Ich habe die Kirche angerufen, und die Sekretärin hat sie mir gegeben. Ich hätte eine Frage.»

«Bitte.»

«Ist es immer verkehrt, seinen Mann zu verlassen?»

Was für eine Frage, dachte ich. «Warum wollen Sie ihn denn verlassen?»

«Er will mich nicht heiraten.»

«Ich denke, er ist Ihr Mann?»

«Wir leben zusammen. Er behauptet, wenn er mit mir lebt, dann ist das genau so, als wenn er mich geheiratet hätte. Und trotzdem heiratet er mich nicht. Offiziell, meine ich, standesamtlich. Er verspricht mir zwar oft die Hochzeit, aber dann verschiebt er sie immer wieder. So bin ich also verheiratet und bin doch nicht verheiratet. Ich bin ganz durcheinander. Was macht denn eine Ehe zur Ehe?»

«Wie lange leben Sie denn schon mit ihm zusammen?»

«Schon über ein Jahr.»

«Haben Sie Kinder?»

«Nein, er will keine.»

Über ein Jahr zusammen leben, keine Kinder wollen – und nicht verheiratet sein. Ich konnte mir die Probleme so ungefähr vorstellen.

«Er ist sehr gut zu mir», sagte die Stimme. «Er bezahlt auch mein Schulgeld. Er bringt mich jeden Morgen in die Schule und holt mich abends wieder ab.»

«Bringt Sie in die Schule? Wie alt sind Sie denn?»

«Zweiundzwanzig. Meine Eltern waren zu arm, um mich auf eine höhere Schule zu schicken. Ich muß das jetzt nachholen.»

«Der Mann, mit dem Sie leben, muß ziemlich viel Geld haben.»

«Mehr als meine Eltern.»

«Wo leben denn Ihre Eltern?»

«In einem kleinen Dorf, einige hundert Kilometer von hier.»

«Könnten Sie nicht zu Ihren Eltern ziehen und nur unter der Bedingung zurückkehren, daß er sich mit Ihnen trauen läßt?»

«Das geht nicht. Meine Eltern haben mich hinausgeworfen, als ich zu ihm gezogen bin. Sie sind gegen eine Ehe mit ihm.»

«Warum denn?»

«Er ist weiß.»

«Ach so.»

Das erklärte manches: daß er Geld hatte, keine Kinder wollte und die sogenannte ‹freie Liebe› praktizierte.

«Ja, da sind Sie wirklich in einer schwierigen Lage. Wollen Sie nicht einmal herkommen, damit wir uns unterhalten können?»

«Nein, das würde er nie erlauben. Er erlaubt mir überhaupt nicht, allein auszugehen, erst recht nicht, einen Fremden in einem Hotel aufzusuchen.»

«Könnten Sie ihn nicht mitbringen?»

Sie lachte. «Er würde niemals mitkommen.»

«Können Sie heute abend in meinen Vortrag kommen?»

«Ich habe heute abend Schule. Außerdem sieht er es nicht gern, wenn ich in eine Kirche gehe.»

«Was machen Sie denn an den Wochenenden?»

«Ich bleibe zu Hause. Wenn er ausgeht, schließt er mich im Haus ein.»

«Wo geht er denn hin?»

«Das weiß ich nicht. Er sagt es mir nie.»

Es entstand eine Pause. Möglicherweise kämpfte sie mit den Tränen. Dann hörte ich ihre Stimme wieder.

«Aber was soll ich denn machen? Was kann ich denn tun?»

Die alte Frage. «Ich weiß es nicht», sagte ich, «ich weiß es wirklich nicht.» Es fiel mir ein, daß ich genau dasselbe heute nachmittag schon einmal auf dem Flughafen gesagt hatte.

«Könnten Sie nicht wenigstens mit mir beten?»

«Beten . . .? Sind Sie Christ?»

Kaum war mir die Frage herausgerutscht, als ich sie schon bereute. Die Antwort kam sofort:

«Nein. Meine Eltern sind Moslems. Aber ich habe eine christliche Volksschule besucht. Es gab keine andere Schule in unserem Dorf.»

Beten. Ich mußte zugeben, daß ich noch niemals am Telefon gebetet hatte. Und nun gleich mit jemandem, den ich noch nie gesehen hatte!

Dann dachte ich: Warum eigentlich nicht? Kommt es denn darauf an, ob ich sie sehe und kenne? Sieht und kennt Gott sie nicht?

Ich sprach ein kurzes Gebet. Nach dem Amen hängte sie ein.

Die Stille meines Zimmers überfiel mich wieder und mit ihr das Gefühl der Hilflosigkeit. Ich schaute auf die Notizen, die vor mir lagen, aber sie erwiderten den Blick nicht. Sie lagen da – tot wie Steine – ohne Beziehung zum Leben. Mein Gott, dachte ich, wenn die Leute heute abend alle solche Probleme haben, was kann ich ihnen schon sagen?

Dann fiel mir plötzlich ein, daß ich vergessen hatte, das Mädchen nach Namen und Telefonnummer zu fragen. Ob sie noch einmal anrufen würde? Das Telefon klingelte wieder. Ich griff hastig nach dem Hörer. Aber es war nur die Telefonistin.

«In der Vorhalle wartet ein Herr auf Sie, der Sie abholen möchte.»

«Sagen Sie ihm bitte, ich komme gleich.»

Ich verstaute die Notizen meines Vortrags in der Aktentasche und fuhr mit dem Fahrstuhl hinunter. Ein gut aussehender Afrikaner in einem eleganten Anzug erwartete mich. Er mochte zwischen dreißig und vierzig sein und stellte sich als «Maurice» vor. Dann führte er mich zu einem auf Hochglanz polierten, modernen Auto, das vor dem Hotel geparkt war. «Ist das Ihr eigener Wagen?»

«Ja», sagte er mit kaum verhohlenem Stolz.

«Wir haben noch Zeit, deshalb möchte ich einen Umweg fahren und Ihnen noch etwas von unserer Stadt zeigen.»

Wir verließen die Innenstadt. Bald hörte die Asphaltierung der Straßen und auch die Straßenbeleuchtung auf. Fast ohne Dämmerung brach die afrikanische Nacht herein – als fiele ein Vorhang herunter. Maurice fuhr einen leicht ansteigenden Sandweg hinauf. Jetzt gab es auch keine Stein- oder Ziegelhäuser mehr. Kleine Lehmhütten mit Strohdächern säumten beide Seiten der Straße. Die meisten hatten vorn einen kleinen Laden, in dem Bier und andere alkoholische Getränke zum Verkauf angeboten wurden. Drinnen glomm ein trübes Petroleumlicht.

«Das ist unser ‹red-light-district›», sagte Maurice. «Jedenfalls würde man das in Amerika so nennen.»

«Wollen Sie damit sagen, daß die Bewohner dieser Hütten Prostituierte sind?»

«Ja.»

«Da muß es ja Tausende geben!»

«Ja, mehrere tausend.»

«Und Sie alle können davon leben?»

«Ja.»

«Und was macht eine Frau zur Prostituierten?»

«Oft sind es Mädchen, die vom Lande kommen und dann in der Stadt keine Arbeit finden. Andere sind unfruchtbare Frauen, von denen die Männer sich scheiden lassen, weil sie ihnen keine Kinder gebären.»

«Und was macht sie unfruchtbar?»

«Meist Geschlechtskrankheiten, behaupten die Ärzte.»

«Und wo stecken sie sich an?»

«Bei ihren Männern.»

«Und die Männer?»

«Bei den Prostituierten.»

«Und dann werden ihre Frauen Prostituierte und stecken wieder andere Männer an?»

«Ja.»

«Also ein Teufelskreis.»

«Ja. Viele ihrer Kunden sind natürlich auch unverheiratete Männer, meistens Studenten. Sie können nicht heiraten, weil sie noch studieren.»

«Dann sind sie also schon krank, ehe sie heiraten?»

«Viele von ihnen. Gibt es bei Ihnen in Deutschland auch Prostituierte?»

«Ja, natürlich. Wir haben das Problem auch noch nicht gelöst. Aber sie müssen sich alle polizeilich melden und werden dann medizinisch überwacht.»

Maurice lachte schallend. «Dann müßten sie hier fünf neue Krankenhäuser bauen und eine Armee von Ärzten einstellen, nur um die Prostituierten zu untersuchen.»

«Ich fürchte, ja. Doch auch das würde das Problem nicht lösen.»

«Einige dieser Frauen sind Witwen», erklärte Maurice. «Sie lehnen es ab, die zweite oder dritte Frau ihres Schwagers zu werden. Denn nach unserem Brauchtum gehören die Kinder dem Bruder des verstorbenen Mannes. Heiratet die Frau einen anderen, außerhalb seiner Familie, verliert sie ihre Kinder. Deshalb ziehen es viele Witwen vor, sich ihren Unterhalt als Prostituierte zu verdienen und dafür ihre Kinder zu behalten.»

«Schrecklich», sagte ich.

«Ja, aber was sollen sie tun?»

«Ich weiß es nicht.» Zum dritten Mal heute, dachte ich.

Wir verließen den Stadtteil und kamen wieder auf eine Zementstraße. Auch die Straßenbeleuchtung fing wieder an, als wir uns der Innenstadt näherten.

«Sind Sie verheiratet?» fragte ich, lediglich, um das Thema zu wechseln.

«Nein, noch nicht.»

«Wie alt sind Sie denn, wenn ich fragen darf?»

«Vierunddreißig.»

Vierunddreißig und nicht verheiratet. Womit konnte das zusammenhängen?

Maurice fuhr von sich aus fort: «Ich habe meinen Vater schon als kleines Kind verloren. Ich mußte für meine Mutter sorgen. Ich wollte nicht, daß sie auch eine Prostituierte wird. Außerdem wollte ich meine Ausbildung erst zu Ende bringen und eine gute Stellung finden. Ich bin Geschäftsführer bei einer Baugesellschaft. Es ist nicht so einfach, ein Mädchen zu finden, das man heiraten kann.»

«Warum soll das so schwierig sein?»

«Das Kennenlernen ist das schwierigste. Ich weiß einfach nicht, wo ich ein Mädchen treffen soll.»

«Haben Sie ein bestimmtes Mädchen im Auge?»

«Ja, schon.»

«Und was sagt sie?»

«Keine Ahnung. Ich habe sie noch nicht gefragt.»

«Und warum nicht?»

«Der einzige Ort, an dem ich sie treffen kann, ist im Autobus. Ich weiß, welchen Bus sie nimmt, um morgens in die Schule zu fahren. Ich steige in denselben Bus ein, und dann können wir uns zwischen zwei Haltestellen unterhalten.»

«Wie alt ist sie denn?»

«Ich weiß es nicht genau. Ich nehme an, höchstens sechzehn.»

War das möglich? Dieser gutaussehende, vornehme, reife Mann, der eine verantwortliche Stelle innehatte, rannte hinter einem Schulmädchen her! Und der einzige Ort, an dem sie sich treffen konnten, war der Autobus.

«Warum haben Sie sich denn ein so junges Mädchen ausgesucht?»

«Meinen Sie, das ist verkehrt? Die älteren sind entweder verdorben oder schon verheiratet.»

«Wenn Sie sechzig sind, wird Ihre Frau erst zweiundvierzig sein.»

«So weit habe ich noch nicht vorausgedacht.»

Wir hielten vor einer Kirche. «Ich bin schon sehr gespannt auf Ihren Vortrag», sagte er.

«Ich auch.»

Als wir die Kirche betraten, waren die Bänke schon voll besetzt. Die Männer saßen links, die Frauen rechts. Fast unmerklich wandten sich einige Köpfe neugierig nach uns um, als Maurice mich durch den Mittelgang nach vorn führte. Daniel saß in der ersten Bank und lud mich mit einer Handbewegung ein, neben ihm Platz zu nehmen. Er gab mir ein Gesangbuch und zeigte mit dem Finger auf das Lied, das gesungen werden sollte. Ich konnte zwar die Worte lesen, aber ich konnte sie nicht verstehen. Die Melodie hingegen kam mir bekannt vor. So sang ich mit. Es tat mir irgendwie wohl, etwas gemeinsam mit den Menschen zu tun, ehe ich sie anredete.

Während des letzten Verses legte Daniel das Gesangbuch zur Seite und bat mich voranzugehen. Ich stieg die wenigen Stufen zu der nicht übermäßig erhöhten Kanzel hinauf. Er folgte mir und stellte sich neben mich.

Ich blickte über die Gemeinde hin, während sie die letzte Zeile sang.

In den Vorderbänken saßen viele ältere Leute. Die jüngere Generation, bei weitem in der Überzahl, hatte sich vorwiegend in die hinteren Bänke gesetzt. Die Menschen saßen eng beieinander, so wie es Afrikaner gerne tun. Ihre Köpfe mit dem dichten schwarzen Haar erinnerten mich an einen Samtteppich. Niemand sah zu mir auf. Ich flüsterte Daniel die Textstelle zu, die ich lesen wollte. Er schlug zum Übersetzen die Bibel in seiner Muttersprache, ich meine englische Bibel auf. Dann hörte ich meine Stimme durch die Stille der Kirche schallen:

II

«Es gibt in der Bibel einen schlichten Satz, der Entscheidendes über die Ehe aussagt. Seine Aussage ist nüchtern und sachlich – und doch von so unergründlicher Tiefe, daß ein Menschenleben nicht ausreicht, sie auszuschöpfen.

Es ist der einzige Satz über die Ehe, der sich viermal in der Bibel findet. Die Bibel spricht ja verhältnismäßig selten von der Ehe. Um so auffallender und schwerwiegender ist die Tatsache, daß dieser Satz viermal wiederholt wird, und zwar an sehr entscheidenden Stellen. Er zieht die Schlußfolgerung aus dem Schöpfungsbericht im zweiten Kapitel der Bibel (1. Mose 2,24). Im Neuen Testament beantwortet Jesus mit diesem Satz die Frage nach der Scheidung (Matth. 19,5 und Mark. 10,7). Schließlich nimmt der Apostel Paulus in seinem Brief an die Gemeinde zu Ephesus den Satz auf und bezieht ihn direkt auf Jesus Christus (Eph. 5,32). Darum kommt ihm im biblischen Denken über die Ehe eine Schlüsselstellung zu.

Den Namen des biblischen Zeugen, der diesen Satz schrieb, kennen wir nicht. Wir wissen auch nur ungefähr, wann er lebte. Aber soviel ist sicher, daß es eine Zeit war, die der unseren in vieler Hinsicht glich. Es war eine Zeit sozialen Umbruchs und gesellschaftlicher Veränderungen ...»

So weit hatte Daniel meinen Vortrag Satz für Satz übersetzt, ohne zu zögern. Die Worte kamen ihm leicht, schnell und natürlich. Es war ein eigenartiges Erlebnis, fast so, als hörte ich mich selbst in einer anderen Sprache reden. Aber als ich die Ausdrücke «sozialer Umbruch» und «gesellschaftliche Veränderungen» verwendete, stockte er zum erstenmal und brauchte längere Zeit für eine Erklärung. Es bedrückte mich, daß ich einen jener abstrakten Ausdrücke verwendet hatte, die ich vermeiden sollte. Darum versuchte ich nun, die Zeit der Könige David und Salomo so konkret wie möglich zu beschreiben:

«Verkehrswege öffneten sich: Israel begegnete Menschen aus fremden Völkern und Kulturen. Es lernte durch sie andere Lebensgewohnheiten kennen. Waren die anderen nicht viel imposanter mit ihren Städten und Schiffen und Waffen? Dachten sie nicht auch viel moderner? Israels eigene Sitten, die jahrhundertelang bestanden hatten, schienen überlebt. Die Stämme lösten sich auf. Eine neue Moral erhob Anspruch auf Geltung. Es war eine aufgewühlte Zeit, eine Zeit höchster Verwirrung. Genau wie die unsere.

Deshalb glaube ich, daß die biblische Aussage über die Ehe, die jener Satz enthält, uns in den nächsten Tagen als Leitbild dienen kann. Ich werde den Satz jetzt aus 1. Mose 2,24 vorlesen.»

Bis dahin hatte ich von meinen Zuhörern keinerlei Reaktion erfahren. Aber jetzt begannen sie, ihre Bibeln aufzuschlagen, die viele von ihnen auf den Knien liegen hatten. Ich wartete einen Augenblick und las dann:

«Darum wird ein Mann seinen Vater und seine Mutter verlassen und seiner Frau anhangen, und sie werden zu einem Fleisch.»

Als ich den Satz vorlas, wurde mir von neuem bewußt, wie einfach und klar er war.

«Diese Aussage nennt *drei Dinge, die für die Ehe wesentlich sind:* Verlassen, Anhangen, Ein-Fleisch-werden. Wir wollen eines nach dem anderen betrachten.»

«*Verlassen:* Die Heimholung der Braut in das Dorf ihres Mannes war früher eine öffentliche Handlung. Auch manche europäischen Hochzeitsbräuche deuten das heute noch an. In einigen afrikanischen Stämmen tanzt die ganze Hochzeitsgesellschaft mitunter kilometerweit vom Dorf der Braut zum Dorf des Bräutigams. Da gibt es keine Heimlichkeit. Jetzt weiß jeder: Diese beiden sind von nun an Mann und Frau. Es gibt keine Wahl mehr. Die Entscheidung füreinander bedingt das Scheiden von den Eltern. Der öffentliche Akt macht die Ehe endgültig und gleichzeitig rechtsgültig.

In Europa wird heute der rechtliche Akt des Verlassens durch das öffentliche Aufgebot und die standesamtliche Trauung vollzogen. Auch in Afrika ist das bereits mehr und mehr der Fall. Ob nun in dieser oder jener Form – entscheidend ist, daß ein öffentlich-rechtlicher Akt stattfindet. Ohne Trauung gibt es keine Ehe.

‹Darum verläßt ein Mann seinen Vater und seine Mutter.› Die Erwähnung von ‹Vater und Mutter› bedeutet, daß die Ehe nicht nur die beiden Partner allein angeht. Sie befinden sich nicht auf einer unbewohnten Insel. ‹Vater und Mutter› stehen stellvertretend für die Familie, die wiederum ein Teil von Volk und Staat ist. Ehe ist keine Privatsache. Es gibt nicht so etwas wie eine ‹heimliche Ehe›. In fast allen Kulturen der Erde wird daher die Hochzeit als ein öffentliches Fest gefeiert.

‹Vater und Mutter verlassen› – das sind Worte, die Schmerz verursachen. Ich weiß nicht, wie das bei euch ist, aber in Europa fließen oft Tränen am Hochzeitstag.»

Es gab ein eifriges Kopfnicken, vor allem unter den Älteren. Jemand sagte halblaut: «Das ist hier genauso.» Ich fuhr fort:

«Wenn von Ehe gesprochen wird, sollte man erwarten, daß zunächst von etwas Freudigerem und Schönerem die Rede ist. Aber die Bibel ist sehr wirklichkeitsnah und nüchtern. Nichts von Küssen im Mondenschein. Nichts zunächst von Liebe und Glück. Sondern: ‹Verlassen›. Ein sauberer, klarer Schnitt muß vollzogen werden. So wie das Neugeborene sich nicht zur Eigenpersönlichkeit entwickeln kann, solange die Nabelschnur nicht durchschnitten wird, kann auch keine Ehe werden, wenn nicht wirklich ‹verlassen› wird, wenn keine klare Trennung von der eigenen Familie stattfindet. Das Paar kann nur dann im Vollsinn ‹Ehe-Paar› werden, wenn es wirklich ‹verläßt›, äußerlich und innerlich, räumlich und geistig.

Das ist schwer. Es ist schwer für beide Teile. Es ist schwer für die Kinder, ihre Eltern zu verlassen. Es ist schwer, wenn nicht gar schwerer für Eltern, ihre Kinder wirklich loszulassen.»

«Aber gerade auf diese Weise», fuhr ich fort, «tragen Vater und Mutter Verantwortung für das Paar, daß sie es loslassen, daß sie ihm die Chance geben, etwas Eigenes, Neues zu werden. Wo dies nicht geschieht, wo es immer noch ‹meine› und ‹deine› Familie gibt anstatt ‹unsere Familie›, ist der Krieg zwischen Ehe und Familie erklärt. Dann beginnen die Familien, sich in die Ehe zu mischen.»

Es war jetzt völlig still in der Kirche. Aber aus dem Schweigen spürte ich einen Widerstand.

«Europäer haben es mit dem Wort ‹verlassen› nicht weniger schwer als Afrikaner. Eines der häufigsten Probleme, mit denen es ein Eheberater in Europa zu tun hat, ist das Schwiegermutterproblem.»

Gelächter. Es war nicht anders als bei uns, wenn man das Wort Schwiegermutter erwähnt. Das hatte ich nicht erwartet.

«Bei uns in Europa ist es gewöhnlich die Mutter des Mannes, die sich einmischt. Sie kann sich einfach nicht vorstellen, daß ihr geliebter Sohn von diesem jungen Ding, das er geheiratet hat, so versorgt wird, wie er es braucht und wie im Grunde nur sie als Mutter es versteht. Kann sie seine Lieblingsspeisen richtig zubereiten, seine Anzüge bügeln, wie es sich gehört? Zwar gibt es in Europa keinen Brautpreis. Aber Geld wird auch da oft benutzt, um das junge Paar abhängig zu halten, es zu zwingen, dasselbe Haus oder gar dieselbe Wohnung mit den Eltern zu teilen.

Wirkliches Verlassen und wirkliches Loslassen, nicht nur äußerlich, sondern auch innerlich, ist für alle schwer. Da gibt es keinen Unterschied zwischen Europäern und Afrikanern. Soweit ich erkennen kann, ist es in Afrika jedoch häufiger die Mutter der Frau, die die junge Ehe stört. Im Falle eines Ehestreites flüchtet sich die Frau gern zu ihrer Mutter in ihr Heimatdorf.

Deshalb hat einer meiner afrikanischen Freunde behauptet, daß unser Bibelvers nicht für Afrika geeignet sei. Mindestens sei er unvollständig. ‹Weil unsere Frauen immer zu ihrer Mutter heimlaufen›, sagte er, ‹müßte doch ausdrücklich erwähnt sein, daß nicht nur der Mann, sondern auch die Frau Vater und Mutter verlassen muß.›

Wie kommt es, daß die afrikanischen Frauen so häufig nach Hause gehen wollen? Antwort: Weil meist nur die Frau ihre Familie verlassen hat, während der Mann daheim blieb.

Der biblische Verfasser, der unseren Vers schrieb, hatte die gleiche Wirklichkeit vor Augen. In Israel war es eine Selbstverständlichkeit, daß die Frau ihre Familie verlassen mußte und Glied der Familie ihres Mannes wurde. Das brauchte nicht erst gesagt zu werden.

Das Unerhörte und Revolutionäre der biblischen Botschaft besteht darin, daß *auch der Mann* seine Familie verlassen muß. Diese Botschaft mag damals so anstößig für die Männer gewesen sein, wie sie es für viele heute ist. Man könnte es auch so ausdrücken: Unser Bibelvers enthält eine anti-patriarchale Spitze.»

Daniel zuckte zusammen bei diesem Ausdruck. Aber offenbar gelang es ihm, ihn verständlich zu machen. Ich fuhr fort:

«Schützend stellt sich unser Bibelvers vor die Rechte der Frau. Sie wird nicht einfach vereinnahmt von der Familie des Mannes, sondern als gleichwertiger Partner behandelt. *Beide* sollen verlassen, nicht nur die Frau, sondern auch der Mann. *Beide* sollen einander anhangen – nicht nur die Frau am Mann, sondern auch der Mann an der Frau. So wird es ausdrücklich gesagt.

Damit sind wir beim zweiten Wesensmerkmal der Ehe: *Anhangen.*

Verlassen und Anhangen gehören zusammen. Umschreibt das Wort ‹verlassen› mehr den öffentlich-rechtlichen Bereich, so meint das Wort ‹anhangen› mehr den persönlichen Bereich der Ehe.

Beide Bereiche sind miteinander verbunden und bedingen einander. Niemand kann wirklich anhangen, der nicht verlassen hat, und niemand kann wirklich verlassen, der nicht auch zu vorbehaltlosem Anhangen entschlossen ist.

Der wörtliche Sinn im Hebräischen ist ‹kleben›. Mann und Frau kleben zusammen wie zwei Stücke Papier. Das heißt, daß sie untrennbar werden. Wer zwei zusammenklebende Papiere trennen will, wird beide zerreißen. Bei einer Trennung werden beide verletzt, der Mann wie die Frau und, falls Kinder da sind, diese erst recht.»

Es war totenstill in der Kirche.

«Das Aneinanderkleben hat noch eine weitere Konsequenz. Es bedeutet, daß Mann und Frau einander am nächsten sind, näher als jeder anderen Sache und näher als jedem anderen Menschen. Ehe ist wichtiger als Freunde, Verwandte, Besucher und Gäste, ja, sogar wichtiger als die Kinder.

In jungen Ehen kommt es oft zu Krisen nach der Geburt des ersten Kindes. Warum? Die junge Frau macht den Fehler, daß sie ihrem Baby näher steht als ihrem Mann. Das Baby wird zum Mittelpunkt ihres Lebens, und der Mann fühlt sich wie ein Außenseiter in der Familie.»

Von der Männerseite kam zustimmendes Nicken, das zeigte, daß diese Erfahrung nicht unbekannt war.

«‹Anhangen› in diesem tiefen Sinn schließt eine dritte Person aus. Die sogenannte ‹Dreiecksehe› läßt sich nicht mit dem ‹Anhangen› vereinbaren. Ehe ist nur zwischen zwei Personen möglich. Ein Mann kann nur seiner Frau, niemals seinen Frauen anhangen. Unser Bibelvers hat nicht nur eine anti-patriarchale, sondern auch eine antipolygame Spitze. Er traf die Vielehe Davids und Salomos, wenn er ausdrücklich aussprach: ‹Darum hängt ein Mann *seinem* Weibe an›.

Heute trifft diese Spitze nicht nur die Nebeneinander-Polygamie der afrikanischen Gesellschaft, sondern auch die Nacheinander-Polygamie im Westen. Die hohen Scheidungsziffern in Europa und Amerika bedeuten, daß mancher zwar nicht mehrere Frauen auf einmal hat, aber dafür eine nach der anderen.

Wir würden heute für ‹Anhangen› wohl eher das Wort ‹Lieben› erwarten. Es ist interessant, daß die Bibel dieses Wort hier nicht verwendet.

‹Anhangen› ist zwar ein Lieben, aber doch ein Lieben besonderer Art. Es ist ein Lieben, das nicht mehr sucht und tastet, sondern das sich entschieden hat. Liebe, die ‹anhangt›, ist reife Liebe, entschlossen zu bedingungsloser Treue, zum Teilen eines ganzen Lebens.

Damit sind wir beim dritten Wesensmerkmal der Ehe:
Ein Fleisch werden.»

Ich dachte an mein Gespräch mit Daniel auf dem Weg zum Hotel über den Widerstand der älteren Generation. Deshalb versuchte ich zunächst, das Wort ‹Sex› zu vermeiden.

«Der körperliche Bereich ist genauso wesentlich für die Ehe wie der öffentlich-rechtliche und der persönliche Bereich. Wie das Verlassen der Eltern und das Einander-Anhangen, so gehört auch die leibliche Gemeinschaft nach Gottes Willen zur Ehe.

Ich weiß, daß es für manche peinlich ist, über diesen Bereich zu reden. Sie meinen, er berühre etwas Unanständiges, vielleicht sogar Schmutziges, auf jeden Fall etwas, das mit Gott nichts zu tun hat. Wer so denkt, dem möchte ich dieselbe Frage stellen, die der Apostel Paulus der Gemeinde in Korinth gestellt hat: ‹Wißt ihr nicht, daß euer Leib ein Tempel des Heiligen Geistes ist›? Darum dürfen wir über den leiblichen Bereich reden, ja, darum müssen wir darüber reden. Wo sonst sollten wir denn darüber reden, mit aller Ehrerbietung und in aller Freiheit, wenn nicht in der Kirche?»

Das Schweigen blieb, und ich spürte, daß diese Gedanken für viele völlig neu waren.

«Ihr sagt, das mag in Europa möglich sein, aber nicht in Afrika. Es ist gegen unsere afrikanische Tradition, Worte, die den leiblichen Bereich betreffen, auch nur in den Mund zu nehmen. Diese Worte sind bei uns absolut tabu.

Es ist eigenartig. Wenn ich zu Eltern in Afrika spreche und ihnen rate, ihre Kinder aufzuklären, dann sagen sie: ‹Das geht vielleicht in Europa. Für europäische Eltern mag das natürlicher sein. Für uns Afrikaner ist das unmöglich.› Wenn ich aber mit Eltern in Europa spreche, dann heißt es: ‹Sie haben zu lange in Afrika gelebt. Für diese Naturvölker ist das sicher leichter. Wir haben da viel mehr Hemmungen.›

Meiner Erfahrung nach herrscht auf diesem Gebiet eine weltweite Verlegenheit. In vielen Stammestraditionen hält man den körperlichen Bereich für so heilig und gottnah, daß man nicht wagt, daran zu rühren; nicht wenige Christen halten ihn für so unheilig und gottfern, daß sie sich schämen, auch nur darüber zu reden.

Gegen beide Haltungen bezieht die Bibel Stellung. Sie sagt: In der leiblichen Gemeinschaft ist Gott den Ehegatten genauso nah wie in Trauung und Treue. Gerade deshalb dürfen wir, ja müssen wir davon sprechen.

Der Ausdruck ‹ein Fleisch› umfaßt jedoch viel mehr als nur den körperlichen Bereich. Er bedeutet, daß zwei Menschen alles miteinander teilen, nicht nur Leib und Besitz, sondern auch Denken und Fühlen, Freuden und Leiden, Hoffen und Fürchten, Gelingen und Versagen. Ein Fleisch werden heißt ganz eins werden – und dabei doch zwei bleiben.

Das ist wohl das tiefste Geheimnis der Ehe. Es läßt sich nicht verstehen, sondern nur erfahren. Ich sah es einmal auf eine einzigartige Weise dargestellt.»

Aus meiner Aktentasche holte ich zwei aus Holz geschnitzte Köpfe hervor – einen Männerkopf und einen Frauenkopf – die durch eine Holzkette miteinander verbunden waren, hielt diese Schnitzerei mit beiden Händen hoch und erklärte:

«Dies ist ein Ehesymbol, das man in Liberia dem Brautpaar am Hochzeitstag zur Erinnerung an sein Trauversprechen schenkt. Sieht man genau hin, so entdeckt man, daß keine Fuge vorhanden ist. Dieses Kunstwerk ist aus einem Stück Holz geschnitzt und sagt uns: Was Gott zusammenfügt, ist ohne Fuge.

Nirgends habe ich das innerste Geheimnis der Ehe einleuchtender dargestellt gefunden: Die beiden werden ganz eins, ‹ein Fleisch› – wie aus einem Stück Holz geschnitzt –, und bleiben doch zwei ganze Persönlichkeiten.»

Daniel hatte Schwierigkeiten mit dem Wort ‹Persönlichkeit›. Während er sich mit der Übersetzung abmühte, stieg ich von der Kanzel hinunter und gab die Schnitzerei denen, die vorn saßen. Sie ließen sie bewundernd durch die Reihen gehen. Ich ging hinüber zu der großen Wandtafel, die Daniel seitlich vor dem Altar aufgebaut hatte, nahm ein Stück Kreide in die Hand und sagte:

«Die drei Wesensmerkmale der Ehe – Verlassen, Anhangen, Ein-Fleisch-Werden – sind untrennbar. Sie bedingen einander.

Nur wer mit allen Konsequenzen ‹verlassen› hat, nur wer mit dem Anspruch der Ausschließlichkeit einander ‹anhangt›, kann im vollen Sinne des Wortes ‹ein Fleisch› werden.

Die drei Wesensmerkmale gehören zusammen wie die drei Ecken eines Dreiecks.»

Ich wandte mich um und zeichnete ein großes Dreieck an die Tafel.

«An die obere Ecke», fuhr ich fort, «könnten wir auch das Wort ‹Trauung› oder ‹Heirat› schreiben. An die linke Ecke könnten wir auch ‹Liebe› oder ‹Treue› schreiben. Die rechte Ecke könnten wir einfach mit ‹Sex› bezeichnen, wenn wir darunter mehr verstehen als eben nur die sexuelle Vereinigung.»

Dies war das erste Mal, daß ich wagte, das Wort ‹Sex› und ‹sexuell› auszusprechen. Aber die Atmosphäre war jetzt so offen, daß ich damit niemanden mehr vor den Kopf zu stoßen schien. Ich zeigte auf die drei Eckpunkte und sagte:

«Wer eine Ehe haben will, die diesen Namen verdient, muß diese drei Dinge ins Blickfeld bekommen. Alle drei Bereiche müssen einbezogen werden. Für die Unverheirateten ist dies ein Ziel, für die Verheirateten eine täglich neue Aufgabe.

Aber nun muß ich noch auf eine andere wichtige Tatsache hinweisen. Wer kann mir sagen, wie unser Bibelvers aufhört?»

Sie schlugen wieder ihre Bibeln auf, und sofort gingen die Hände hoch. «Mit ‹ein Fleisch werden›», antwortete ein älterer Mann.

«Stimmt nicht genau», sagte ich. «Was kommt danach?»

Langes Schweigen. Schließlich sagte ein junger Mann: «Ein Punkt.»

Viele lachten, aber ich nahm die Antwort an, ging auf die Kanzel zurück und las den Bibelvers noch einmal vor: «‹Darum wird ein Mann seinen Vater und seine Mutter verlassen und seiner Frau anhangen, und sie werden zu einem Fleisch.› *Punkt.* In diesem Schlüsselwort über die Ehe, das viermal in der Bibel zitiert ist, steht nicht ein einziges Wort über Kinder!»

Die Wirkung dieser Feststellung auf meine Zuhörer war aufschlußreich. Sie wurden unruhig, schüttelten die Köpfe, begannen miteinander zu reden. Einige machten ein Geräusch mit den Lippen, das höchstes Mißfallen ausdrückt.

«Bitte, laßt es mich erklären!» rief ich in die Aufregung hinein. Dabei warf ich einen Seitenblick auf Daniel. Was mochte er denken? Sein Gesicht drückte tiefe Zufriedenheit aus. Die aktive Teilnahme seiner Gemeinde schien ihm Freude zu machen. Ich begann wieder:

«Versteht mich nicht falsch! Kinder sind ein Segen Gottes. Die Bibel spricht das immer wieder aus. Aber sie stellen einen zusätzlichen Segen dar. Die Ehe ist in sich selbst ein Segen, auch ohne Kinder. Er *kann* sich in Fruchtbarkeit auswirken, *muß* es aber nicht. Niemand darf daher sagen: ‹Dieses Ehepaar ist nicht gesegnet, weil es keine Kinder hat.›

Deshalb erwähnt die Bibel die Kinder nicht, wenn sie die Wesensmerkmale der Ehe beschreibt. ‹Verlassen›, ‹Anhangen›, ‹Ein-Fleisch-Werden› machen die Ehe vollständig. Mehr ist nicht nötig. Das Kind macht die Ehe nicht zur Ehe. Auch eine kinderlose Ehe ist Ehe im vollen Sinne des Wortes. Unfruchtbarkeit ist also kein Scheidungsgrund. Kein Mann darf sagen: ‹Diese Frau hat mir kein Kind geschenkt, folglich bin ich nicht wirklich mit ihr verheiratet› – er darf sie nicht wegschicken und sie vielleicht zwingen, eine Prostituierte zu werden.» Daniel hatte die letzten Sätze mit besonderem Nachdruck übersetzt. Ich schloß daraus, daß Unfruchtbarkeit ein häufiger Scheidungsgrund in seinem Lande sein müsse. Deshalb erschien es mir sinnvoll, das biblische Leitbild einem Gegenbild gegenüberzustellen und an diesem Gegensatz die Tragweite der Entscheidung zu verdeutlichen.

Aber es war jetzt eine Frage der Zeit, und ich erkundigte mich leise bei Daniel, ob ich noch etwa zehn Minuten weitersprechen dürfe. Er sagte: «Sie hören dir zu. Du kannst so lange reden, wie du willst.»

«Es gibt ein anderes Leitbild der Ehe. Es widerspricht dem biblischen Leitbild in jedem einzelnen Punkt und ist mit ihm unvereinbar. Ich möchte es das ‹*Garten*›-*Leitbild* nennen. Dieses Leitbild ist weitverbreitet. Ich habe es in vielen Teilen der Erde gefunden. Laßt es mich einmal von China her beschreiben: [1]

Das Gartenleitbild sieht im Mann einen Sämann und in der Frau ein Stück Ackerland, einen Garten. Der Mann sät seinen Samen in die Frau. Der Körper der Frau nährt den Samen, wie fruchtbare Erde eben ein Samenkorn nährt. So wie der Halm aus dem Korn wächst, wächst das Kind aus dem Samen des Mannes. Das Kind ist also das Kind des Mannes. Es setzt sein Leben fort.

Eine solche Vorstellung beruht natürlich auf einer mißverstandenen und falschen Biologie. Dennoch sind die Folgen dieses Gartendenkens von unabsehbarer Tragweite. Ich will sie kurz aufzählen:

Zunächst: Männer sind wichtiger als Frauen. Dem Samenträger kommt größere Bedeutung zu als dem Land. Es hat nur eine Hilfsfunktion, ist nur Mittel zum Zweck. Von Natur aus hat die Frau eine untergeordnete Bedeutung. Sie ist ein zweitrangiges Wesen. Nichts erklärt so gut wie das Gartendenken die Diskriminierung der Frau, die wir nicht nur in Asien finden, sondern auch in Amerika und Europa. Ob sie auch in Afrika zu finden ist, müßt ihr selbst entscheiden.

Zweitens: Söhne sind wichtiger als Töchter. Durch seinen Sohn gibt der Vater sein Leben weiter. Mädchen sind nur Zugvögel. Söhne allein garantieren die Fortsetzung des Stammbaumes. Das hat sogar eine Beziehung zur Ahnenverehrung. Der Ahne, dessen Familie keine Söhne zeugt, ist wie ein entwurzelter Baum. Er genießt kein Ansehen im Reich der Toten, welkt dahin und wird ein friedlos umherwandernder Geist.»

Es gab eine Bewegung unter meinen Zuhörern, die mir zeigte, daß sie tief getroffen waren, obwohl ich doch eine chinesische Eheauffassung beschrieb und keine afrikanische.

«Drittens: Der Sämann besitzt das Land, in das er sät. Darum ist die Beziehung zwischen Mann und Frau die gleiche wie zwischen einem Besitzer und seinem Besitztum. Die Pflicht der Frau ist es daher zu gehorchen, als Tochter dem Vater, als Frau dem Mann, als Witwe dem Sohn. Der Mann hat auch allein das Recht der Wahl des Gartens. Maßstab hierfür ist dessen mögliche Fruchtbarkeit.

---

1 Die folgenden Ausführungen sind eine freie Wiedergabe der Darstellung, die David und Vera Mace im ersten Kapitel ihres Buches «Marriage East and West» (Doubleday, New York) von der chinesischen bzw. ‹östlichen› Eheauffassung geben.

Viertens: Ein unfruchtbarer Garten ist wertlos. Innerhalb des Garten-Leitbildes sind Kinder der einzige Sinn der Ehe, wenn nicht des Lebens. Eine kinderlose Ehe ist sinnlos und zwecklos wie Brachland. Die Hauptfunktion der Frau ist die Mutterschaft. Verfehlt sie diese, verfehlt sie ihre Bestimmung.

Fünftens: Bringt ein Garten keine Frucht, so gibt es zwei Möglichkeiten. Entweder wird der Garten an seinen früheren Besitzer zurückgegeben und der Preis, der dafür bezahlt wurde, zurückverlangt – also Scheidung –, oder es werden noch weitere Gärten hinzu erworben, in denen dann hoffentlich etwas wächst – also Polygamie.

Sechstens: Ich habe eben den Brautpreis erwähnt. Auch dieser Brauch hängt mit dem Garten-Leitbild von der Ehe zusammen. In Wirklichkeit ist er nämlich nicht der Preis für den Garten, sondern eine Vorauszahlung auf die Früchte, die der Garten hervorbringen soll. Deshalb wird er manchmal erst voll bezahlt nach der Geburt des ersten Kindes und mitunter auch nur dann, wenn dieses Kind ein Sohn ist. – Eine Witwe aber verliert ihre Kinder, wenn sie sich außerhalb der Familie ihres verstorbenen Mannes wieder verheiratet. Denn seine Familie hatte für diese Kinder bezahlt. Sie gehören nicht der verwitweten Mutter. Innerhalb des Gartendenkens ist die Witwe ein bedauernswertes Geschöpf – ein Besitz, der seinen Besitzer verlor.

Siebtens: Das Garten-Leitbild der Ehe erklärt auch, warum die Frau härter für Ehebruch gerügt wird als der Mann. Zwar werden beide für schuldig erklärt, wenn sie die Ehe brechen, aber aus verschiedenen Gründen. Der Ehebrecher sät lediglich in einen fremden Garten und fügt nur dessen Besitzer ein Unrecht zu, für das er ihn mit einer Bußzahlung abfinden kann. Seine eigene Frau und seine eigene Ehe verletzt der Ehebrecher nicht.

Anders ist es mit der Ehebrecherin. Sie fügt ihrem Mann das größte Unrecht zu, das man sich innerhalb des Gartendenkens vorstellen kann: Sie erlaubt fremde Saat in seinem Garten, gefährdet dadurch die Weitergabe seines Lebens und stellt seinen Lebenssinn in Frage. Die Ehebrecherin verletzt die eigene Ehe. Ihre Schuld ist ungleich größer. Daran wird deutlich, daß das Garten-Leitbild auch die Ursache der doppelten Moral ist.

Letztlich: Die Ehelosen haben keinen Platz im Gartendenken. Das unverheiratete Mädchen erscheint als ein Garten, der Frucht tragen könnte, aber der keinem Sämann zur Verfügung gestellt wurde. Das ist unvorstellbar. Am wenigsten denkbar aber ist der Junggeselle. Er gleicht einem Sämann, der Samen besitzt, sich aber keinen Garten zulegt, um zu säen. Eine glatte Verrücktheit!»

Lautes Lachen bei den Hörern. Maurice, der mich zur Kirche

gebracht hatte, strahlte über das ganze Gesicht, während seine Freunde ihm auf die Schulter klopften.

«Die biblische Eheauffassung widerspricht der Gartenauffassung in jedem Zug.

Zunächst stellt die Bibel die verkehrte Fortpflanzungsbiologie richtig, die dem Garten-Leitbild zugrunde liegt: Nicht aus dem männlichen Samen wächst das Kind, sondern Mann und Frau werden ‹ein Fleisch› und tragen beide gleichwertig zur Entstehung neuen Lebens bei.

Das patriarchalische Denken wie auch die Diskriminierung der Frau werden überwunden. Weil beide verlassen müssen, weil beide einander anhangen und beide ein Fleisch werden, darum gehört das Kind auch beiden. Die Frau wird so zum gleichwertigen Partner ihres Mannes. Sie ist ein Mensch, eine Person.

Unfruchtbarkeit ist nicht länger ein Scheidungsgrund, auch keine Rechtfertigung der Vielehe. Die Maßstäbe der Partnerwahl ändern sich. Ein Mädchen wird um seiner selbst willen gewählt, nicht um der Kinder willen. Der Ehebruch macht beide Partner gleich schuldig. Der doppelten Moral wird der Boden entzogen.

Die Ehelosen wie die kinderlosen Ehepaare erhalten eine neue Würde.

Ist nun deine Frau für dich ein Garten oder ein Partner, um dessentwillen du deine Eltern verläßt, dem du anhangst und mit dem du ein Fleisch wirst?»

Ich hielt inne. Es herrschte völliges Schweigen. Viele betrachteten das angezeichnete Dreieck: In ihren Augen las ich eine große Frage. Ich nahm sie ihnen vorweg:

«Eine Frage ist noch offen: Wo ist der Platz des Kindes in unserem Dreieck? Möchte jemand diese Frage beantworten?»

Viele Hände gingen hoch. Ich forderte eine Frau um die Dreißig auf, die ein Kind auf dem Rücken trug. Sie erhob sich schweigend und ging auf die Tafel zu. Dann zeigte sie ohne Zögern auf die Mitte des Dreiekkes.

Viele Hörer stimmten ihr lebhaft zu. Ich knüpfte an: «Das Kind ist also umgeben von der Liebe und Treue beider Eltern. Es ist geschützt und geborgen durch die Legalität des Ehebundes. Das ist die Atmosphäre, in der es das Leben erfährt und zur eigenen Ehe heranwachsen kann.»

Die Gemeinde sang den Schlußchoral. Ich hatte wieder in der ersten Bank neben Daniel Platz genommen.

«Es war etwas zu lang, nicht wahr?» flüsterte ich ihm zu.

«Den Eindruck hatte ich durchaus nicht. Sie haben doch alle gut zugehört.»

«Aber sie waren so ruhig zum Schluß.»

«Du kennst unsere Leute noch nicht. Wenn sie getroffen sind, reagieren sie durch Schweigen. Je tiefer, um so mehr. Amerikaner würden vielleicht Beifall klatschen. Unsere Leute dagegen werden immer stiller.»

Ich erinnerte mich, daß Daniel in Amerika studiert hatte.

Er winkte mir, und während der letzte Vers gesungen wurde, folgte ich ihm zum Ausgang.

Die Leute hatten Zeit und drängten nicht. Einer nach dem anderen ergriff meine Hand mit beiden Händen, so wie es ihr Brauch war. Sie verbeugten sich leicht und flüsterten ihr Grußwort. Ich hätte mir wenigstens dieses Grußwort einprägen sollen, dachte ich.

Miriam war die letzte, die mich begrüßte.

«Darf ich Ihnen meinen Verlobten vorstellen? Das ist Timothy.»

Ein junger Mann in Soldatenuniform trat auf mich zu und gab mir die Hand. Er war ziemlich dunkel, nicht größer als Miriam, aber stark und muskulös gebaut.

«Vielen Dank für Ihren Vortrag. Ich möchte gern mit Ihnen reden.»

«Ich auch. Ich glaube, Maurice fährt mich zurück zum Hotel. Könnten Sie nicht mitfahren?»

Ich ging mit Miriam und Timothy zum Auto von Maurice.

«Ich habe genau verstanden, was für mich gesagt war», begann Miriam. «Ich glaube, unsere Schwierigkeiten hängen mit der linken Ecke des Dreiecks zusammen – der Ecke des Anhangens. Ich weiß nicht, ob wir schon fest genug einander anhangen, um wirklich verlassen zu können.»

«Gut», sagte ich, «ich werde mit Timothy ausführlich darüber reden.» Sie schien zufrieden zu sein.

Timothy kletterte in den Rücksitz, und ich nahm vorn neben Maurice Platz. Doch wir konnten nicht abfahren. Eine Gruppe junger Männer versperrte uns den Weg. Einer pochte auf meiner Seite an die Fensterscheibe. Ich drehte sie herunter.

«Sind Sie hierher gekommen, um die afrikanische Kultur zu zerstören?» Seine Stimme klang aufgebracht.

Die anderen umringten ihn jetzt. «Sie zerstören unsere afrikanischen Familien», rief ein anderer kampflustig.

«Ich zerstöre Ihre Familien?»

«Zu behaupten, man müsse Vater und Mutter verlassen, geht gegen jede afrikanische Tradition. Unser Brauchtum gebietet uns, unsere

Eltern zu ehren, aber nicht, sie zu verlassen. Außerdem sind wir nicht nur der Kleinfamilie, sondern auch der Großfamilie verpflichtet.»

«Ich halte das für eine sehr wertvolle Tradition», erwiderte ich. «Europäer können von der Ehrerbietung der Afrikaner dem Alter gegenüber und von dem ausgeprägten Familiensinn viel lernen. Ich bin der letzte, der das zerstören will.»

Immer mehr Leute kamen jetzt herzu und scharten sich um das Auto.

«Das glauben wir Ihnen nicht. Wieso verlangen Sie dann, daß wir unsere Eltern zum alten Eisen werfen?»

«Ich habe gesagt: Sie sollen sie verlassen. Da liegt der Unterschied. Verlassen heißt nicht: im Stich lassen. Im Gegenteil.»

«Versteht ihr das?» wandte sich mein Gesprächspartner an die Umstehenden. «Mir ist das zu hoch.»

Ich versuchte zu erklären. «Erst muß ein Paar die Möglichkeit erhalten, die Eltern zu verlassen und sein eigenes Heim zu gründen, dann kann es auch den Familien des Mannes und der Frau eine Hilfe sein. Ein Kind kann nur dann eines Tages Verantwortung für seine Mutter übernehmen, wenn es die Freiheit bekam, sich äußerlich und innerlich von ihr zu lösen. Genauso kann auch das junge Paar nur dann in eigener Verantwortung den Eltern beistehen und für ihr Alter sorgen, wenn es sie verlassen durfte und aus frühen Bindungen entlassen wurde.»

Man hörte nur feindlich schweigend zu.

«Denn das Verlassen», fuhr ich fort, «schafft der Liebe zwischen Eltern und Kindern den Raum zum freien Atmen, den sie braucht, um zu leben. Selbst Ehepaar geworden, versteht das Paar die Eltern nun besser, wächst in anderer Weise auf sie zu und kehrt zu ihnen zurück.»

«Das Paar, das Paar!» kam es zurück. «Und die Großfamilie?»

«Die kann nur existieren, wenn die Kleinfamilie in Eintracht lebt. Sie muß unabhängig werden, auch in wirtschaftlicher Hinsicht, anstatt sich von der Großfamilie ausbeuten zu lassen. Nur unabhängige Kleinfamilien sind keine Schmarotzer, sondern eine Stütze der Großfamilie.»

Aber meine Gegner gaben sich nicht geschlagen: «Das ist eine europäische Eheauffassung. Sie mißachten die Werte unserer Kultur», rief einer aus der Menge.

«Lieber Freund», sagte ich so ruhig wie möglich, «ich bin nicht hierher gekommen, um ein europäisches Leitbild der Ehe anzubieten. Das gibt es nämlich gar nicht. Ich habe ein biblisches Leitbild angeboten. Dieses biblische Leitbild stellt eine Herausforderung für alle Kulturen dar. Das Verlassen der Eltern gibt uns Europäern genau so eine bittere Pille zu schlucken wie Ihnen.»

«Sie wollen uns nur verwestlichen und unsere Kultur zerstören», beharrte er.

«Hören Sie», gab ich zurück, «ich bin vorhin durch Ihr Prostituiertenviertel gefahren. Das ist Verwestlichung. Das ist Mißachtung Ihrer Kulturwerte. Auf diese Weise zerstören Sie Ihre Kultur selber.»

Darauf reagierten einige mit Lachen. Vielen merkte man ihre Ablehnung an. Andere waren nachdenklich geworden. Ich bat Maurice loszufahren. Langsam bahnte er sich einen Weg durch die Menge.

Einer rief uns nach: «Darüber sprechen wir morgen noch!»

Wir fuhren eine Weile schweigend. Dann fragte ich Maurice augenzwinkernd:

«Wie geht es dem Sämann ohne Garten?»

«Er denkt nach», sagte er. «Es ist so wahr, was Sie über die Witwen gesagt haben – ein Eigentum ohne Eigentümer. Deshalb war ich immer der Meinung, daß ich eine Aufgabe an meiner verwitweten Mutter habe. Sehen Sie, es war für mich bisher noch nie wirklich möglich zu verlassen, und deshalb konnte ich auch noch nicht den Schritt des Anhangens tun.»

«Und Sie hatten auch keinen Vater, der Ihnen einen Garten kaufen konnte?»

«Nein, ich mußte für mein Studium arbeiten und mich gleichzeitig um meine Mutter kümmern. Ich bin auch davon überzeugt, daß es meine Pflicht ist, sie noch weiter zu unterhalten. Wenn Sie sagen, daß die Grundbedingung für eine Ehe das Verlassen der Mutter ist, dann werde ich wohl nie heiraten können, fürchte ich.»

«Sie haben ja gehört: Verlassen heißt nicht ‹im Stich lassen›.»

«Ja, aber wie kann ich das praktizieren? Wenn ich heiraten würde, müßte ich meine Mutter mit in mein neues Heim nehmen. Wie kann ich sie denn verlassen und doch gleichzeitig mit ihr zusammen wohnen?»

«Das ist etwas anderes. Wenn Sie bei Ihrer Mutter bleiben würden und Ihre Frau müßte mit zu Ihrer Mutter ziehen, dann wären Schwierigkeiten wahrscheinlich unvermeidlich. Aber wenn Sie ausziehen und Ihr eigenes Heim gründen, dann haben Sie praktisch die Mutter ‹verlassen›. Wenn es sich dann als notwendig erweist, daß Sie Ihrer Mutter in Ihrem Heim eine Unterkunft gewähren, dann ist die Gefahr von Reibungen wesentlich geringer. Mit den Schwiegereltern verhält es sich ein wenig wie mit der Bändigung von Löwen. Wenn die Löwen zuerst im Käfig sind, dann ist es für den Löwenbändiger gefährlich hineinzugehen. Aber wenn der Löwenbändiger zuerst im Käfig ist, dann tun ihm die Löwen nichts.»

Maurice brachte das Auto vor meinem Hotel zum Stehen.

«Demnach wäre alles, was ich brauchte, ein Mädchen», sagte Maurice, während ich mit Timothy ausstieg.

«Ich denke, Sie haben eines.»

«Sie meinen die vom Autobus? Ich weiß nicht. Nach Ihrem Vortrag habe ich ernste Zweifel bekommen, ob sie diejenige ist, mit der ich ‹ein Fleisch› werden kann, so wie Sie das erklärt haben. Alles teilen?»

«Wenn Sie achtzehn Jahre älter sind, dann könnte sie Ihre Tochter sein. Sie wären dann versucht, sie auch so zu behandeln. Im besten Fall wäre sie ein gehorsamer Garten, aber keine Partnerin.»

Maurice mußte lachen. «Das ist genau der Grund, warum wir Afrikaner so gern junge Mädchen heiraten. Wir wollen ja gerade ‹gehorsame Gärten›. Meine größte Schwierigkeit ist, daß ich nicht weiß, wie ich ein Mädchen anreden, wie ich mit ihr umgehen soll.»

«Darüber können wir morgen einmal reden. Werden Sie mich wieder abholen?»

«Natürlich, gern.»

«Dann bringen Sie, bitte, Ihre Mutter mit.»

«Meine Mutter? Warum denn das? Sie ist schon über sechzig. Ich glaube nicht, daß sie sich sehr für Sex und Liebe interessiert.»

«Bringen Sie sie trotzdem mit!»

Er fuhr davon, und ich ging mit Timothy hinauf in mein Zimmer. Er setzte sich in den Sessel, und ich nahm ihm gegenüber auf dem Sofa Platz. Wir sahen einander an.

«Miriam hat mich heute nachmittag auf dem Flughafen angesprochen», sagte ich.

«Ja, ich weiß. Ist sie nicht ein nettes Mädchen?»

«Bestimmt. Und auch sehr hübsch.»

«Meinen Sie, es wäre richtig für mich, sie zu heiraten?»

«Sind Sie sicher, daß Miriam Sie heiraten wird?»

«Das ist ja gerade das Problem. Ich weiß, daß sie Zweifel hat, ob wir zusammenpassen.»

«Ja, sie hat mir davon geschrieben. Hat sie Ihnen gesagt, warum sie zögert?»

«Nein. Wir sprechen sehr wenig miteinander. Aber ich kann mir schon denken warum. Ich bin anderthalb Zentimeter kleiner als sie und habe auch etwas dunklere Haut.»

«Ist das ein Nachteil, wenn man dunkler ist?»

«Ja, bei uns gilt man als um so schöner, je heller man ist.»

«Davon hat Miriam überhaupt nichts geschrieben.»

«Was hat sie denn für Gründe angegeben?»

«Es wäre mir lieber, Sie würden sie das selber fragen.»

«Wir können nicht miteinander darüber reden. Ich bin sicher, Miriam möchte, daß Sie mir diese Dinge mitteilen. Deshalb hat sie dieses Gespräch arrangiert.»

«Ich weiß. Dennoch wäre es viel wertvoller, wenn sie es Ihnen selbst sagen würde.»

«Warum?»

«Auf diese Weise könnten Sie etwas lernen, was unentbehrlich ist für die Ehe, nämlich das Mitteilen, das Austauschen.»

Er schwieg.

«Wie alt sind Sie denn?»

«Vierundzwanzig.»

«Wissen Sie, wie alt Miriam ist?»

«Nein, das hat sie mir nie gesagt.»

«Wieviel verdient sie denn?»

«Ich habe sie nie danach gefragt.»

«Sie haben die Volksschule nach dem achten Schuljahr verlassen, nehme ich an. Dann sind Sie zur Armee gegangen.»

«Ja.»

«Was haben Sie denn für weitere Pläne?»

«Was meinen Sie mit ‹Plänen›?»

«Nun, es hat doch jeder Pläne, Hoffnungen für die Zukunft. Welches Ziel streben Sie an?»

«Kein besonderes. Nach einigen Jahren werde ich vielleicht Unteroffizier. Ich weiß nicht, was ich sonst noch sagen soll.»

«Sehen Sie, Timothy, Miriam hat die Mittlere Reife. Sie verdient etwa ein Drittel mehr als Sie, und sie ist auch ein Jahr älter.»

«So?» sagte er gedankenvoll.

Dann fragte er: «Sind das Hindernisse für eine Ehe?»

«Normalerweise nicht. Ich könnte mir größere Hindernisse vorstellen. Verschiedene religiöse Überzeugungen zum Beispiel, Zugehörigkeit zu anderen Kulturen, entgegengesetzte Interessen und unvereinbare ethische Maßstäbe.»

«Also meinen Sie doch, daß unsere Ehe gelingen könnte?»

«Sie kann schon gelingen, aber nicht von selber. Alles hängt davon ab, wie sehr Sie einander lieben.»

«Aber ich liebe sie», sagte Timothy heftig. «Ich bin wahnsinnig verliebt in sie. Ich weiß nicht, was ich tun würde, wenn ich sie nicht bekomme.»

«Selbstmord?»

«Das habe ich einmal zu ihr gesagt.»

«Da haben Sie meiner Ansicht nach einen Ihrer größten Fehler gemacht. Wenn Sie solche Dinge sagen, wage ich sogar zu bezweifeln, daß Sie Miriam wirklich lieben.»

«Warum?»

«Weil Sie versuchen, sie durch eine Drohung zu zwingen. Das ist keine Liebe. Liebe zwingt den anderen niemals. Wirkliche Liebe gewährt dem anderen völlige Freiheit, ja sogar die Freiheit, nein zu sagen. Wenn Miriam Sie heiraten würde, nur damit Sie nicht Selbstmord begehen, dann würde sie Sie ja aus Angst oder Mitleid heiraten, aber nicht aus Liebe.»

«Aber wie kann ich denn erreichen, daß sie mich liebt? Kann ich irgend etwas dazu tun?»

«Nur eines: sie von Ihrer Liebe überzeugen.»

«Aber wie?»

«Jedenfalls nicht durch Drohungen. Eher durch harte Arbeit.»

«Harte Arbeit?» Timothy war ein wenig erschrocken.

«Was für Arbeit denn?»

«Arbeit an Ihnen selbst.»

Er sah mich verständnislos an.

«Sehen Sie, Timothy, daß Miriam etwas älter ist, macht mir nur wenig Sorge. Daß sie länger zur Schule gegangen ist, auch nicht. Sorge macht mir, daß Sie fast überhaupt keinen Ehrgeiz, kein Ziel zu haben scheinen. Von Miriam habe ich den Eindruck, daß sie noch eine Menge vorhat in ihrem Leben. Sie hat eine interessante Arbeit, sie ist geistig wach, sie denkt und plant. Ich bin sicher, daß sie in der Zukunft noch etwas aus ihrem Leben machen will. Aber Sie haben mir gerade gesagt, daß Sie möglicherweise Unteroffizier werden könnten – vielleicht, vielleicht auch nicht. Das ist es, was mir Sorge macht – Ihr völliger Mangel an Ehrgeiz. Wenn Sie so bleiben, wie Sie jetzt sind, und Miriam heiraten, dann wird das ganz bestimmt eine schwierige Ehe werden.»

«Ich kann doch meine Hautfarbe nicht ändern; erst recht nicht meine Körpergröße und mein Alter.»

«Richtig. Aber Sie können Ihre Ziele höher stecken. Ändern Sie doch das, was Sie ändern können, dann hätten Sie schon genug zu tun. Ich glaube, daß Miriam nichts mehr von Ihrer Liebe überzeugen könnte, als wenn Sie anfingen, an sich zu arbeiten.»

Timothy sah gedankenvoll vor sich hin. Ich beschloß, die Unterredung hier abzubrechen. Er hatte genug zum Nachdenken.

Er sah traurig aus, als er ging. Sicher hatte er dieses Ergebnis unseres Gespräches nicht erwartet. Als er gegangen war, sah ich mich in meinem Zimmer um. Meine Koffer standen noch unausgepackt da. Aber ich war jetzt zum Auspacken zu müde. Zuerst wollte ich mich ein paar Minuten hinlegen.

Als ich die Augen schloß, wirbelten mir die Gedanken im Kopf herum. Die Abreise von Europa in einem Schneesturm gestern abend, dann der Flug, Warten auf die Anschlüsse, Weiterflug und nun zum Schluß ein Gespräch mit einem afrikanischen Jungen, der anderthalb Zentimeter kleiner war als seine Freundin. Es kam mir vor wie ein verrückter Traum. Ich sah die Leute in der Kirche vor mir, sah Maurice und Daniel. Ich wäre wohl in meinen Kleidern eingeschlafen, wenn das Telefon nicht wieder geklingelt hätte.

«Hier ist das Mädchen, das Sie schon heute nachmittag angerufen hat.»

Ich war sofort hellwach.

«Gut, daß Sie wieder anrufen. Ich hatte heute nachmittag ganz vergessen, Sie nach Ihrem Namen und Ihrer Telefonnummer zu fragen.»

«Ich hätte sie Ihnen ohnehin nicht gegeben. Ich möchte auf keinen Fall, daß mein Mann etwas von unseren Gesprächen erfährt.»

«Ich verstehe. Von wo aus rufen Sie denn an?»

«Von zu Hause. Mein Mann ist gerade auf ein Bier weggegangen. Wenn er zurückkommt, muß ich sofort abbrechen.»

Pause.

«Ich war heute abend in Ihrem Vortrag.»

«Ich dachte, Sie hatten Unterricht.»

«Ich habe zwei Stunden geschwänzt und konnte dann doch zurück sein, ehe die Schule aus war. Auf diese Weise hat mein Mann nichts davon gemerkt, daß ich in der Kirche war.»

«Und?»

«Es war ganz interessant. Nur mit dem Dreieck kann ich mich nicht befreunden. Es gefällt mir einfach nicht.»

«Und warum nicht?»

«Es hat zu viele Ecken und Spitzen. Es sticht.»

«Das hätte meine Frau auch sagen können.»

«Es ist alles so typisch Mann. So stellt sich ein Mann die Ehe vor: alles gerade Linien, genaue Winkel, harte Ecken, jedes Stück paßt haargenau ans andere dran. Sehr unbehaglich. Für mich völlig reizlos.»

«Vielen Dank.»

«Wenn ich an die Ehe denke, dann stelle ich mir etwas Rundes, Weiches, Nachgiebiges vor – etwas, das man streicheln kann, das sich formen läßt, eine warme Decke oder einen schützenden Mantel.»

«Vielleicht sollte ich lieber einen Kreis zeichnen mit drei Sektoren?»

«Ich habe noch eine bessere Idee. Als ich das Dreieck ansah, das Sie an die Wandtafel gezeichnet hatten, dachte ich, es sieht aus wie ein Zelt im Profil.»

«Ein Zelt?»

«Ja, ein Zelt. Ein Zelt muß mindestens drei Zeltstäbe haben, sonst steht es nicht. Aber wenn es steht, kann man hineinkriechen und sich geborgen fühlen vor dem Sturm. Es ist so gemütlich in einem Zelt, wenn es regnet. Solche Gefühle habe ich, wenn ich an die Ehe denke.»

Ein Zelt! Daran hatte ich nie gedacht.

«Fühlen Sie sich denn so geborgen in Ihrem Heim?»

«Nein, eben nicht. Mein Zelt ist unvollständig. Die obere Ecke, die Sie die Ecke des Verlassens genannt haben, fehlt noch. Der öffentlich-rechtliche Akt, die Trauung.»

«Wenn die Spitze fehlt, regnet es ja gleichsam in Ihr Zelt hinein.»

«Ja, und zwar ziemlich stark. Es ist wirklich nicht sehr gemütlich.»

Jetzt konnte sie ihre Verzweiflung nicht mehr verbergen:

«Sehen Sie, ich habe doch meine Eltern verlassen und bin trotzdem nicht öffentlich und rechtlich verheiratet. Warum heiratet mein Mann mich nicht!?»

«Das weiß ich nicht. Ich habe Ihnen bereits gesagt, ich müßte einmal mit ihm reden. Vielleicht heiratet er Sie nicht, weil er weiß, daß Sie nicht nach Hause zurückkehren können.»

«Er behandelt mich aber wenigstens nicht wie einen Garten.»

«Sind Sie so sicher?»

«Natürlich, sonst würde er doch Kinder haben wollen.»

«Vielleicht möchte er Sie nicht als einen Nutzgarten, sondern nur als einen Ziergarten haben – so eine Art Freizeitbeschäftigung.»

«Aber er hat mich nicht gekauft. Er hat keinen Brautpreis bezahlt.»

«Er bezahlt doch Ihr Schulgeld, nicht wahr?»

«Meinen Sie, das sei eine Art Brautpreis, um mich abhängig von ihm zu machen?»

«Ich will das nicht behaupten, ehe ich nicht mit ihm gesprochen habe.»

«Aber ich liebe ihn doch. Und er liebt mich auch. Sonst bezahlte er ja mein Schulgeld nicht.»

«Und warum läßt er sich nicht trauen?»

Wieder kam das Schluchzen.

«Sagen Sie, können Sie mir nicht doch Ihre Telefonnummer geben, so daß ich ihn einmal anrufen kann?»

«Auf gar keinen Fall. Jetzt kommt er.»

Sie legte schnell den Hörer auf.

Ein Zelt. Das muß ein ungewöhnliches Mädchen sein. Ein Zelt. Die Ehe als ein Zelt! Ich holte meine Bibel heraus und suchte in der Wortkonkordanz das Wort ‹Zelt›. Mehr als hundert Stellen waren angegeben. Unter ihnen fand ich Jeremia 10,20:

«Mein Zelt ist zerstört, und alle meine Zeltstricke sind zerrissen; meine Kinder sind mir entführt, keines ist mehr da; niemand schlägt mir hinfort mein Zelt wieder auf und breitet meine Decken darüber aus.»

Das ist ihr Vers, dachte ich.

Dann ging ich zu Bett. Als ich meinen Schlafanzug aus dem Koffer nahm, fiel ein Zettel heraus mit der Handschrift meiner Frau.

Mein Zelt, dachte ich, mein Zelt. Dann schlief ich ein.

III

Am nächsten Morgen erschien Daniel kurz nach dem Frühstück. Er hatte allerhand Echo auf meinen Vortrag gehört und berichtete mir davon.

«Weißt du, worüber ich am meisten froh war? Wir haben ein kinderloses Ehepaar in der Gemeinde. Sie leiden sehr. Aber sie denken nicht an Scheidung. Ich sprach nach dem Vortrag kurz mit ihnen. Sie waren so getröstet, daß die Ehe vollständig ist, auch ohne Kind.»

«Das bedeutet, daß das Garten-Leitbild auch bei euch lebendig ist?»

«Unbedingt. Das, was du als ‹Garten-Leitbild› vorgeführt hast, ist Punkt für Punkt das, was unsere Leute hier glauben. Auch daß das Kind aus dem Samen des Mannes wächst, ist ihre tiefste Überzeugung. Es ist ganz typisch afrikanisches Denken. Ehrlich gesagt, ich war selber überrascht, daß diese Vorstellungen auch in anderen Kulturkreisen zu finden sind. Gibt es das Garten-Leitbild auch in Deutschland?»

«Davon bin ich überzeugt», sagte ich. «Je mehr ich Afrika kennenlerne, um so mehr fange ich an, unsere Grundhaltungen zu verstehen. Unter Bauern wird das Hochzeitsfest vielfach erst festgesetzt, wenn das erste Kind unterwegs ist. Die doppelte Moral ist bei uns durchaus noch vorhanden. Sogar das Gefühl eines leisen Bedauerns, wenn das Neugeborene ‹nur› ein Mädchen ist, ist mehr oder weniger bewußt immer noch da. Auch die Diskriminierung der Frau ist keineswegs überwunden. Die unverheirateten Mädchen leiden darunter besonders. Es ist schwer für sie, sogar gefährlich, allein in die Ferien zu fahren, allein in einem Restaurant zu sitzen, erst recht natürlich, nachts allein in einer Stadt ohne Begleiter auszugehen. Frauen werden auch in Europa immer noch als zweitrangige Wesen behandelt. – Weißt du, Daniel, ich bin fast zu dem Schluß gekommen, daß es im Grunde nur zwei Eheauffassungen in der ganzen Welt gibt: das Garten-Leitbild und das biblische Leitbild mit seinen drei entscheidenden Punkten. Natürlich gibt es alle möglichen Abweichungen und Variationen.»

Nach einer Weile sagte Daniel nachdenklich: «Das Verlassen ist das größte Problem hier in unserer Stadt. Unsere Ehen sind ‹verlassenskrank›. Entweder verlassen die Kinder die Eltern ohne deren Einwilligung, oder aber sie verlassen sie überhaupt nicht. In beiden Fällen geraten die Ehen in Schwierigkeiten. Es ist so schwer, ihnen das Zusammenspiel zwischen Kleinfamilien und Großfamilie klarzumachen.»

«Würdest du meiner Behauptung zustimmen, daß die Großfamilie nur dann möglich ist, wenn die Kleinfamilie gesund ist?»

«Absolut. Nur können unsere Leute nicht einsehen, wie man verlassen kann und doch miteinander vereint bleiben, oder wie man sich vereint fühlen kann und trotzdem verlassen.»

«Ich glaube, man kann das überhaupt nicht erklären. Es ist paradox. Am ehesten kann ich es mir verdeutlichen, wenn ich an das Weihnachtsgeschehen denke. In einem Lied des Pfarrers Otto Riethmüller heißt es dazu: ‹Das Wort geht von dem Vater aus und bleibt doch ewiglich zu Haus.› Da hast du das Paradoxon.»

«Gut, aber erkläre das mal unseren Leuten. Doch verwende dabei bitte nicht das Wort ‹paradox›. Ich wüßte nicht, wie ich es übersetzen sollte.»

Wir schwiegen wieder. Dann sagte Daniel: «Persönlich hat mich am meisten getroffen, daß Mann und Frau einander am nächsten sind, näher als irgendein anderer oder irgend etwas anderes. Es ist für mich sehr schwer, das Gleichgewicht zu finden zwischen meiner Arbeit als Pfarrer und meiner Ehe. Ich habe nicht genug Zeit für meine Frau. Meine Arbeit geht vor, und meine Frau kommt erst an zweiter Stelle. Sie hat recht, wenn sie sich beklagt, daß ich ganz unregelmäßig zu den Mahlzeiten komme. Und sogar während der Mahlzeiten stehe ich mitunter drei- oder viermal auf, wenn Besucher kommen oder das Telefon läutet.»

«Ich war nicht sicher, ob Esther gestern nachmittag im Auto nur Spaß machte, oder ob es ihr ernst war.»

«Es war ihr todernst, Walter, und sie hat recht. Es muß sehr schwer sein, mit mir verheiratet zu sein. Andererseits weiß ich nicht, wie ich es ändern könnte. Doch was du über das ‹sharing›, das Teilhaben-lassen gesagt hast, hat mich bewegt. Wir haben keinen Austausch miteinander. Wir nehmen uns keine Zeit dafür.»

Während er noch sprach, begann das Telefon erneut zu klingeln. Ich nahm den Hörer ab. Es war wieder jenes Mädchen. Ich erkannte ihre Stimme sofort.

«Von wo aus rufen Sie denn jetzt an?» fragte ich.

«Von der Schule. Wir haben Pause.»

«Haben Sie gestern mit Ihrem Mann gesprochen?»

«Worüber denn?»

«Daß er mich besuchen soll.»

«Nein.»

«Ich habe gestern abend etwas für Sie gefunden. Besitzen Sie eine Bibel?»

«Ja, ich habe noch eine von unserer Dorfschule her.»

«Dann schlagen Sie einmal auf: Jeremia 10,20. Das ist Ihr Vers.»

«Gut, aber jetzt müssen wir aufhören. Es klingelt schon für die nächste Unterrichtsstunde. Ich hatte Sie nur grüßen wollen, good-bye.»

Ich legte den Hörer auf. «Es ist eine anonyme Anruferin», sagte ich zu Daniel. «Sie ruft nun schon zum drittenmal an. Was für Gründe könnte es bei euch dafür geben, daß sich ein Paar nicht trauen lassen will?»

«Das ist nichts Ungewöhnliches in unserer Stadt», sagte Daniel. «Sie wollen sich eine Hintertür offen lassen. Eine Trauung erschwert die Scheidung. Manchmal werde ich gebeten, ein Paar zu trauen, das schon fünf Jahre lang miteinander lebt und mehrere Kinder hat. Siehst du, das Leben verläuft nicht so geradlinig und geometrisch exakt wie dein Dreieck. Es ist viel komplizierter. Da gibt es alle möglichen Zwischenstufen und Schattierungen.»

«Dem Mädchen, das mich immer anonym anruft, gefiel das Dreieck auch nicht. Sie behauptete, die Ecken würden sie stechen.»

«Mich haben sie auch zur Genüge gestochen», lächelte Daniel und schlug dann vor:

«Könnten wir nicht morgen abend miteinander Abendbrot essen, nach deinem Vortrag, wenn unsere Kinder im Bett sind? Sicher möchte auch Esther gern mit dir reden.»

Plötzlich schien ihm etwas einzufallen: «Übrigens. Hast du denn gestern Abendbrot gegessen?»

«Nein. Ich habe es vergessen.»

Daniel sprang auf und lief mit den Händen vor dem Gesicht im Zimmer auf und ab. Er warf sich vor, gegen die afrikanische Gastfreundschaft schwer verstoßen zu haben.

Ich versuchte ihn zu beruhigen: «Ich nehme dafür eure Einladung heute abend doppelt gern an.»

Als Maurice mich an diesem Abend abholte, saß eine ältere Frau im Rücksitz seines Wagens. Ich bestand darauf, neben ihr zu sitzen. Sie war klein und zart, ihr Haar war völlig von einem weißen Kopftuch bedeckt. Aus dem faltigen Gesicht schauten zwei lebendige Augen.

Sie begrüßte mich und begann sofort mit mir zu reden, als könne sie sich nicht vorstellen, daß jemand ihre Sprache nicht verstand.

Maurice übersetzte und faßte dabei kurz zusammen, was sie sagte: «Sie grüßt Sie und sagt, sie sei ein Besitz ohne Besitzer.»

«Hat Ihr Sohn Ihnen von meinem Vortrag gestern abend erzählt?»

Maurice übersetzte meine Frage, und sie nickte bestätigend. Dann machte sie eine Bemerkung und zeigte dabei auf ihren Sohn. Maurice sagte: «Sie meint, ich sei ein Besitzer ohne Besitz.»

«Sie haben einen sehr feinen Sohn.»

«Er versorgt mich gut.»

«Sie können sehr stolz auf ihn sein.»

Sie nickte ernsthaft.

«Aber er braucht eine Frau.»

«Das habe ich ihm schon lange gesagt. Aber er bringt mir keine nach Hause. Ich würde gut für sie sorgen. Sie brauchte auch nicht viel zu arbeiten. Ich könnte für alle beide kochen.»

Nachdem Maurice die letzte Bemerkung übersetzt hatte, sagte ich zu ihm: «Haben Sie das gehört? Sie stellt es sich so vor, daß Sie Ihrer Mutter Ihre Frau nach Hause bringen, aber daß sie weiterhin den Haushalt führt. Sie müssen ihr genau erklären, was ich über das Verlassen gesagt habe. Besonders über die Küche. Das ist ein sehr empfindlicher Punkt.»

«Könnten Sie ihr das nicht erklären?» bat Maurice. «Es würde, glaube ich, größeren Eindruck auf sie machen. Es gibt bestimmte Dinge, die nehmen wir eher an, wenn sie ein Fremder sagt.»

Er dachte einen Augenblick nach. Dann fügte er hinzu:

«Vielleicht haben es alle Menschen schwer mit dem Wort ‹verlassen›. Es ist eben mehr als eine menschliche Weisheit.»

Inzwischen waren wir an der Kirche angekommen. Sie war wieder bis auf den letzten Platz gefüllt. Als ich neben Daniel auf der Kanzel stand, fühlte ich mich geborgener als am Tag zuvor.

IV

«Gestern hat mich eine Frau angerufen und mir gesagt, daß sie sich nicht mit dem Ehe-Dreieck anfreunden könne. ‹Es hat zu viele Ecken und Spitzen. Es sticht›, sagte sie. Die geraden Linien und spitzen Winkel fand sie ungemütlich und das ganze Bild reizlos.

Ich kann das nachfühlen. Es kommt jetzt viel darauf an, daß wir dieses Dreieck nicht als etwas Starres und Totes, sondern als etwas Bewegliches und Lebendiges verstehen.

Ich sah einmal in einem Varieté drei Jongleure, die einander die Bälle zuspielten. Jeder fing von den beiden anderen Bälle auf und warf ihnen gleichzeitig Bälle wieder zu. Jeder gab. Jeder empfing.

Die Ehe ist einem solchen kunstvollen Spiel vergleichbar.»

Ich versuchte nun dieses Spiel, dieses gegenseitige Geben und Nehmen zu beschreiben, versuchte deutlich zu machen, daß die Liebe die entscheidende Gabe an die Ehe ist, daß sie nach dem Trauakt verlangt, um so den Erweis ihrer Aufrichtigkeit und Menschlichkeit zu erbringen – und wie doch gleichzeitig nicht nur die Liebe die Ehe, sondern umgekehrt auch die Ehe die Liebe trägt, so daß in Krisenzeiten die Liebenden einander trösten und sich gegenseitig daran erinnern können: ‹Wir sind aber doch verheiratet!›

Das gleiche lebendige Geben und Nehmen stellte ich dann an dem Ineinander und Miteinander von Ehe und leiblicher Gemeinschaft dar, und beschrieb, wie die Ehe der leiblichen Gemeinschaft Geborgenheit schenkt und wie diese andererseits zu einem immer erneuten Ja zur Ehe, zu einem stets wiederholten Trauversprechen wird.

Am schwierigsten war es, meinen Zuhörern das dynamische Kräftespiel zwischen Liebe und Sexus nahe zu bringen. Ich wußte, daß viele von ihnen beides ganz in einem sahen, und betonte deshalb, daß die Liebe in die Sexualität erst hineinwachsen muß und daß ein von Liebe und Ehe isolierter Sexualakt das Ende des schöpferischen Spiels bedeutet. «Nur als Ausdruck ehelicher Liebe» – schloß ich – «wird die leibliche Vereinigung voll zum Liebesakt.»

Ich hielt inne und warf Daniel einen schuldbewußten Blick zu wegen der vielen abstrakten Wörter, die ich gebraucht hatte. Er lächelte verständnisvoll zurück:

«Sprich nur weiter», flüsterte er, «ich schaffe es schon.»

«In unserer Zeit herrscht eine große Unsicherheit darüber, wie Sexualität, Liebe und Ehe miteinander in Beziehung gesetzt werden sollen. Das ist nicht nur in Afrika so, sondern auch in anderen Teilen der Welt. Es wird viel darüber geschrieben, aber kaum wagt jemand die Frage zu beantworten: Wie verhalten sich nach Gottes Willen diese drei Dinge zueinander?

Ich möchte versuchen, diese Frage so zu beantworten:

Alles, was das dynamische Kräftespiel fördert, entspricht dem Willen Gottes. Alles, was das dynamische Kräftespiel hindert, entspricht dem Willen Gottes nicht.

Dieser Maßstab ist sowohl vor wie auch in der Ehe anwendbar. Er ist frei von Gesetzlichkeit und Starre. In dem dynamischen Dreieck gibt uns Gott ein Leitbild voller Beweglichkeit und schöpferischer Freiheit. Es ist gültig für jede Ehe, jede Situation und jede Kultur. Denn der Wille Gottes gilt nicht nur für die Christen. Er gilt für alle Menschen.

Das Leitbild von 1. Mose 2,24 ist ein Angebot des Gottes, der das, was er fordert, auch gleichzeitig schenkt – ein Angebot für alle.»

Meine Zuhörer saßen nachdenklich schweigend da. Ich versuchte, ihre Gedanken zu lesen, und sagte:

«Jetzt seid ihr wahrscheinlich alle entmutigt. ‹Wenn die Ehe ein solches Kunstwerk ist›, mag einer sagen, ‹dann bin ich noch weit von einer vollkommenen Ehe entfernt.›

Ich verstehe das gut. Mir geht es ganz genau so und eurem Pfarrer sicher auch.»

Daniel bestätigte das in seiner Muttersprache.

«Niemand kann sagen: ‹Ich habe eine vollkommene Ehe.› Die Ehe macht uns bescheiden. Wir werden immer wieder scheitern, immer neu an ihr zu arbeiten haben.

Die Dynamik des Dreiecks beruht auf seiner Unzertrennbarkeit. Löst man eine Ecke heraus oder schneidet sie ab, so geht das Ganze verloren.

Ehenöte und Eheleiden sind ein Hinweis darauf, daß eine der Kräfte nicht voll in das Kräftespiel einbezogen wurde.

Wir wollen uns jetzt vorstellen, daß wir alle Eheärzte wären, die eine Visite in einem Ehekrankenhaus machen. Ich möchte einige Patienten vorstellen.

Der erste Patient hat Schwierigkeiten mit dem linken Eckpunkt des Dreiecks: Die Liebe ist erkaltet. Ich nenne diese Krankheit *die leere Ehe.*

Das Krankheitsbild sieht so aus: Man ist verheiratet, rechtsgültig getraut, auch die sexuelle Gemeinschaft ist zunächst noch durchaus befriedigend. Aber man liebt sich nicht oder nicht mehr. Man wohnt beieinander und wohnt einander bei. Doch das ist auch alles.

Viele Ursachen können zu diesem Zustand führen. Vielleicht war überhaupt niemals Liebe da. Vielleicht wurde zu jung und zu schnell geheiratet, und dem, was man für Liebe hielt, fehlte die Qualität des

‹Anhangens›. Oder die Ehe wurde hauptsächlich auf eine gegenseitige sexuelle Anziehung gegründet, und diese Anziehung schwächte sich im Laufe der Jahre ab. Oder das Feuer der Liebe wurde nicht genährt und erstickte unter Haushalt, Beruf und Kindern. Jeder ging schließlich seinen eigenen Interessen nach, und bald hatte man nichts Gemeinsames mehr.

Diese Leere ist eine gefährliche Ehekrankheit. Sie kann tödlich ausgehen. Anfänglich läßt sie sich noch tarnen durch den sogenannten ‹married look›. Vor der Umwelt sieht man ‹verheiratet› aus. Aber unter der Tarnung schreitet die Krankheit voran, und allmählich lassen sich die Symptome nicht mehr verbergen. Man mag sich anfänglich noch quälen oder wenigstens auf die Nerven gehen. Allmählich aber greift eine tödliche Gleichgültigkeit um sich.

Es ist unvermeidlich, daß die Leere eines Tages auch die leibliche Gemeinschaft ansteckt. Sie erstarrt zum bloßen Mechanismus und wird als eine unliebsame Last, als ‹eheliche Pflicht›, empfunden. Auf diese Weise geraten Sexualität und Ehe miteinander in Spannung.

Die Ehe wird dann als Gefängnis gesehen. Ein Mann zeigte mir einmal die Kirche, in der er getraut wurde, mit den erschütternden Worten: ‹Hier wurde ich lebenslänglich verurteilt.›

Wer so empfindet, wird sich bald einen anderen Partner suchen, der ihn besser versteht. Die geistige Untreue führt dann schnell zur sexuellen Untreue, und dann ist es nur noch ein Schritt, bis auch die rechtliche Grundlage erschüttert wird und es zur Scheidung kommt.

Die leere Ehe ist das Thema vieler Filme und Romane. Darin wird der Ehe die Schuld an der Leere gegeben. Sie wird der Lächerlichkeit preisgegeben und als etwas Langweiliges, Fades, ja als Heuchelei dargestellt. Gepriesen wird hingegen die Liebe außerhalb der Ehe. Sie allein erscheint interessant, pikant und verlockend.

Die Ehe ist in diesen Filmen und Romanen nicht das Heil der Liebe, sondern ihr Tod. Aber diese Diagnose ist falsch. Nicht die Ehe verursacht den Tod der Liebe, sondern die fehlende Liebe verursacht den Tod der Ehe. Die Liebe außerhalb der Ehe aber wird leicht zum Präriefeuer, das schließlich die Liebenden verzehrt.

Daß es eine Liebe geben kann, die ein Wesensbestandteil des Ganzen ist, eine eheliche Liebe, die alles in den Schatten stellt, was jene Filme und Romane als ‹Glück› anzubieten haben, diese Möglichkeit kommt gar nicht ins Blickfeld. Allein in ihr aber liegt die Heilung.

Wir gehen weiter zum nächsten Patienten, zum nächsten Paar. Sein Problem hat mit der Spitze des Dreiecks zu tun. Ich nenne diese Krankheit *die geraubte Ehe*.

Das Krankheitsbild sieht folgendermaßen aus: Man liebt sich oder meint es wenigstens. Man hat auch bereits sexuelle Beziehungen aufgenommen. Aber man ist nicht getraut.

Es ist eine große Versuchung unserer Zeit, den rechtlichen Aspekt abzuwerten, im Trauakt nur eine leere Form zu sehen, im Trauschein ein Stück Papier, das man erwerben kann oder auch nicht. Man hat den Vorschlag von Probeehen gemacht. Doch dieser Vorschlag geht von einer falschen Voraussetzung aus. Man gibt vor, daß man mit Liebe und Sex bereits das Ganze habe.

Aber das ist ein Trugschluß. Man hat nur einen Teil, und bei der Ehe läßt sich das Ganze nicht am Teil ausprobieren. Sie ist ganz oder sie ist nicht. Ehe ist immer Ernstfall. Darum kann niemand sie unverbindlich ausprobieren.

Die Symptome dieser Krankheit sind gebrochene Herzen, eilige Mußehen oder heimliche Abtreibungen, auch Geschlechtskrankheiten mit der möglichen Folge späterer Unfruchtbarkeit.

Vor allem aber leiden die unerwünschten Kinder: Ihnen wird die Geborgenheit in der Familie vorenthalten. Sie sind eines Vaters beraubt. Wer das Schicksal dieser vaterlosen Kinder verfolgt und die Schwierigkeiten beobachtet, die sie haben mit ihrer Sexualität, bei der Partnerwahl und schließlich später in der eigenen Ehe, der weiß, daß die Trauung als dritter Eckpfeiler nicht unwesentlich ist.»

Bei diesen Worten mußte ich unwillkürlich an meine anonyme Anruferin denken. Ob sie heute abend wieder da war? Vielleicht war sie selbst ein vaterloses Kind? Wie mochte sie das Problem der Empfängnisverhütung lösen? Im Gedanken an sie fuhr ich fort:

«Wer die sogenannte ‹freie Liebe› propagiert, verschweigt meistens, daß er damit den Gebrauch von Verhütungsmitteln zur Notwendigkeit macht. Er tut so, als gelte es lediglich, im richtigen Augenblick das geeignete Mittel anzuwenden und als habe das keinerlei Auswirkungen, weder auf die Personen selbst und deren Erleben noch auf deren Beziehung zueinander.

Aber das ist nicht wahr. Meist untergraben gerade in der Situation der geraubten Ehe diese Mittel oder Methoden die Würde und Spontaneität der Liebesgemeinschaft.

Wenn die Liebe fehlt, fallen Sexualität und Ehe auseinander. Wenn die Trauung fehlt, geraten Sexualität und Liebe miteinander in Konflikt.

Kürzlich wurde in Deutschland ein Film gezeigt, der diesen Vorgang eindrucksvoll darstellte. Darin wird zunächst das Alltagsleben eines scheinbar restlos glücklichen Paares vorgeführt. Der Zuschauer ist anfangs begeistert, wie gut die beiden zusammenpassen, bis er nach einer Weile merkt, daß sie gar nicht verheiratet sind. Freunde machen

Bemerkungen, Verwandte versuchen, sie zur Heirat zu überreden. Aber sie weigern sich.

Zunächst geht alles gut. Dann macht das Mädchen einen ‹Fehler› und wird ungewollt schwanger. Nun ist ihre Liebe und ihr Vertrauen auf einmal doch nicht groß genug, um es ihrem ‹Mann› zu sagen. Sie fürchtet, er würde sie verlassen. Darum läßt sie sich das Kind nehmen.

Die letzte Szene zeigt das Mädchen in ihrer Wohnung. Erschöpft liegt sie nach der Operation auf dem Sofa. Er kommt heim und begreift. Er setzt sich auf die andere Seite eines breiten, leeren Tisches, der sie trennt. Sie schweigen einander an. Sie haben sich nichts mehr zu sagen. Der Sexus ist zum Tod der Liebe geworden. Weil die Trauung fehlt, hatte die Ehe keine Chance, der ‹Liebe den Beweis der Echtheit und Menschlichkeit abzufordern› (Robert Grimm). Die geraubte Ehe ist eben eine kranke Ehe, wenn man sie überhaupt als Ehe bezeichnen will.»

Ich machte eine kleine Pause und spürte eine Reaktion unter der Jugend. Der Film hätte wohl auch in ihrer Stadt gedreht werden können.

«Wir gehen nun zum dritten Patientenpaar in unserem Ehekrankenhaus. Ich nenne seine Krankheit *die unerfüllte Ehe*:

Die beiden sind verheiratet, vielleicht schon ein oder zwei Jahrzehnte. Sie lieben sich auch, lieben sich wirklich. Nichts liegt ihnen ferner als der Gedanke an eine Scheidung. Dennoch bleibt ihre leibliche Gemeinschaft unbefriedigend und unerfüllt.

Der Mann sagt: ‹Meine Frau ist kalt. Sie reagiert nicht normal. Ich habe das Gefühl, daß sie den Liebesakt nur erträgt. Aber sie lädt mich niemals dazu ein. Es macht ihr keine Freude.›

Die Frau sagt: ‹Mein Mann ist zu schnell. Er ist schon fertig, ehe ich überhaupt anfange. Ich fühle mich vergewaltigt und mißbraucht. Er bekommt niemals genug.› Oder sie sagt vielleicht genau das Gegenteil: ›Er ist immer müde. Ich bin so verlangend, aber er kommt nicht. Er dreht mir den Rücken zu und schläft, als wäre er impotent.›»

Das laute Gelächter, das dieses Wort hervorrief, hatte ich nicht erwartet. Für einen Augenblick hatte ich vergessen, daß Impotenz in Afrika ein Gegenstand der Lächerlichkeit ist. Ein impotenter Mann wird vielfach nicht mehr voll als menschliches Wesen angesehen. Im allgemeinen fürchtet ein Afrikaner Impotenz mehr als den Tod.

«Die Erkrankung des körperlichen Aspektes der Ehe verursacht großes Leid. Gerade weil die Ehegatten sich lieben, leiden sie um so mehr, denn sie möchten ja einander glücklich machen. Wie entsteht diese Krankheit?

In vielen Fällen ist die unerfüllte Ehe die direkte oder indirekte Folge der geraubten Ehe. Dabei denke ich nicht in erster Linie an Geschlechtskrankheiten, die übrigens von Europäern nach Afrika eingeschleppt wurden. Ich denke vielmehr an etwas anderes. Bei der geraubten Ehe findet der Geschlechtsakt oft unter unwürdigen Umständen statt, unter Zeitdruck und in Heimlichkeit, zwischen Partnern, die sich im Grunde gleichgültig und nicht mit Herz und Seele dabei sind.

Wieder können wir beobachten, wie auch die beiden anderen Bindeglieder der Ehe nun von der Krankheit ergriffen werden.

Wenn die leibliche Gemeinschaft zur Qual wird, weil sie stets mit einer Enttäuschung endet für den einen oder gar für beide, dann breitet sich schnell Langeweile aus, und bald wird einer dem anderen Lieblosigkeit und Rücksichtslosigkeit vorwerfen. Ist aber einmal die Liebe erkrankt, dann wird die Versuchung groß, sich einen Sexualpartner außerhalb der Ehe zu suchen, der einfühlender und empfänglicher ist. Obwohl auch dieser Versuch oft nur enttäuschend endet, ist doch durch den Ehebruch die rechtliche Grundlage angetastet, und eines Tages wird die Ehe zerbrechen.

Auch die Krankheit des Unerfülltseins kann tödlich ausgehen. Die durstige Ehe kann verdursten, wenn nicht rechtzeitig eingegriffen wird.»

Innerlich atmete ich erleichtert auf. Dies war der gewagteste Teil meines Vortrags gewesen. Aber Daniel hatte ohne Zögern übersetzt, und ich hatte den Eindruck, daß von den Älteren niemand Anstoß genommen hatte.

Ich begann wieder:

«Für diejenigen unter euch, die sich auf die Ehe vorbereiten wollen, ergibt sich nun eine sehr praktische Frage: Von welcher Seite gehen wir am besten auf die Ehe zu? Welcher Einstieg bietet die größte Chance, alle drei Elemente in ein dynamisches Zusammenspiel zu bringen?

Im allgemeinen werden *drei Antworten* auf diese Frage gegeben: eine herkömmliche, eine moderne und eine biblische Antwort. Wir wollen eine nach der anderen betrachten.

Die herkömmliche Antwort schlägt vor, mit der Trauung zu beginnen. Vom Mittelalter bis zum Beginn des Industriezeitalters war das der normale Einstieg, nicht nur in Afrika und Asien, sondern auch in Europa.

Die Hochzeit wurde von den Eltern und Familien, nicht von dem Paar, beschlossen und arrangiert. Manchmal sahen sich Bräutigam und Braut zum erstenmal am Hochzeitstag oder nur kurz vorher.

Der Zweck dieses Einstiegs war eindeutig das Kind. Der Trauungseinstieg entspricht dem Garten-Leitbild. Fruchtbarkeit war dessen

Hauptzweck. Aus welchem anderen Grund sollte man eine Ehe schließen, wenn nicht um der Nachkommen willen?»

Ich entfaltete ein hölzernes Dreieck und zeigte auf die Spitze.

«Man ging von der Trauungsecke direkt auf die Sexecke zu oder – wie ich sie in diesem Falle auch nennen könnte – auf die Fruchtbarkeitsecke. Die Ecke der Liebe aber wurde ausgelassen. Sie spielte so gut wie keine Rolle beim Zustandekommen einer solchen Ehe. Ja, sie wurde sogar als etwas Unerwünschtes angesehen, denn sie konnte zu Konflikten führen, wenn der Sohn oder die Tochter eine andere Wahl trafen, als die Familie es vorhatte.

Nun soll keineswegs behauptet werden, daß alle auf diese herkömmliche Weise geschlossenen Ehen unglücklich waren oder sind. Liebe kann ganz gewiß auch *in* der Ehe wachsen.

In Europa und Amerika spielt man jetzt ein sehr beliebtes Musical, das den Namen ‹Anatevka› trägt. Es erzählt die Geschichte eines jüdischen Ehepaares, des Milchmannes Tevje und seiner Frau Golde. Sie sind ein typisches Paar, das von der Trauung her in die Ehe einstieg. Nach fünfundzwanzig Jahren Ehe stellen sie sich die Frage, ob sie einander lieben. Dabei entspinnt sich zwischen beiden folgender Dialog:

Tevje: Golde, hör zu, was ich dich frage:
Ist es Liebe?
Golde: Laß das sein!
Tevje: O nein!
Sag, ist es Liebe?
Golde: Ist es Liebe!
Tevje: Nun?
Golde: Seit fünfundzwanzig Jahrn da wasche ich,
koche ich, putze ich,
gab dir fünf Töchter, melk die Kuh.
Nach fünfundzwanzig Jahrn laß mich damit in Ruh!
Tevje: Golde!
Wir sahn uns zur Hochzeit das allererste Mal.
Ich war scheu.
Golde: Und ich auch.
Tevje: Ich war ängstlich.
Golde: Und ich auch.
Tevje: Unsere Mütter, unsere Väter
sagten: ‹Liebe kommt erst später!›
Sag, liebst du mich denn, Golde?
Ist es Liebe?

Golde: Sei jetzt still!
Tevje: O nein!
Sag, ist es Liebe?
Golde: Ist es Liebe?
Tevje: Nun?
Golde: Seit fünfundzwanzig Jahrn leb ich mit ihm,
lach mit ihm, wein mit ihm,
seit fünfundzwanzig Jahrn ist sein Bett mein.
Das muß ja Liebe sein!
Tevje: Weib, du liebst mich?
Golde: Ich glaub, daß ich's tu.
Tevje: Ich lieb dich, Golde, immerzu.
Beide: Man wußte voneinander nicht Bescheid!
Und nach fünfundzwanzig Jahren wird's endlich Zeit!

Hier ist auf eine sehr einfache und poetische Weise die Wahrheit ausgedrückt, daß Liebe auch in der Ehe wachsen kann.

Und doch: Es muß bestritten werden, daß der Einstieg von der Trauung her der verheißungsvollste ist für die Ehe. Die Gefahr, daß die Liebe dann nie wirklich ins Spiel kommt und so die Dynamik der drei Elemente blokkiert, ist doch sehr groß. Es ist zumindest ein Risiko, eine Ehe zu schließen, ohne daß die Partner einander wählen können. Die wirklichen Liebesehen, die so entstehen, sind zweifellos die Ausnahme.

Wohl kann Liebe in der Ehe wachsen. Aber daß sie erst geboren wird, nachdem ihr die Möglichkeit der Wahl genommen wurde, ist doch selten. Kennt ihr nicht alle leere Ehen um euch herum, die ohne persönliche Liebe zustande kamen?

Die moderne Antwort – modern in Ost und West und auch in Afrika – macht daher den Vorschlag, von der sexuellen Seite her auf die Ehe zuzugehen.

Hier möchte ich gleich von vornherein eines klären: Mit denen, die von dieser Seite her auf die Ehe zugehen wollen, meine ich jetzt bewußt nicht die Verlobten. Ihr Fall ist ein besonderer. (Davon möchte ich morgen reden.)

Jetzt spreche ich von denen, die dem folgeschweren Irrtum unterliegen, daß aus der sexuellen Hingabe wie von selber auch die Liebe erwachsen müsse. Diese, so meint man, verwandele sich dann in Treue und führe so selbstverständlich zur Trauung, zur Eheschließung.

Oder vielleicht sogar anders herum: Man konstruiert aus der sexuellen Hingabe ein Recht auf Heirat und meint, daß dann mit dem Trauschein auch die Liebe wie von selber kommen müsse.

Beides ist eine Illusion. Denn die Liebe erwächst nicht aus der Sexualität. Sie muß in sie hineinwachsen.

Der junge Mann, der mit einem Mädchen schläft, damit er nicht körperlich krank oder seelisch verklemmt werde, der ‹Erfahrungen› sammeln und durchs Experiment lernen will, oder der vielleicht nur dem Spott der Kameraden entgehen und ‹mitreden› möchte, denkt im Grunde nur an sich selbst und liebt nicht.

Das Mädchen, das sich hingibt, um – bewußt oder unbewußt – Gewißheit darüber zu erlangen, ob es Mutter werden kann, das gern beliebt sein möchte bei den Jungen und das auf diese Weise einen Mann ‹angeln› und an sich binden will, denkt im Grunde auch nur an sich selbst und liebt nicht wirklich.

Besonders letzteres ist fast immer eine Fehlrechnung. Denn meist verliert die eroberte Festung für den Jungen ihren Reiz. ‹Für mich war es der Anfang, für ihn war es das Ende›, sagte mir einmal ein enttäuschtes Mädchen. Anstatt zu binden, verlor sie, was sie binden wollte, und machte die Erfahrung, daß Sex die Liebe nicht nur nicht fördert, sondern sie sogar zerstören kann.

Es gibt in der Bibel eine Geschichte, die man sich, als Bildbericht veröffentlicht, in jeder modernen Illustrierten vorstellen könnte. Es lohnt sich, sie im 13. Kapitel des zweiten Buches Samuel einmal nachzulesen. Sehr realistisch wird dort beschrieben, wie der Königssohn Amnon seine Halbschwester Thamar verführt.

Er stellt sich krank und will nur von Thamar persönlich gepflegt werden. Vor seinen Augen muß sie ihm Kuchen backen. Nicht genug damit, sie muß ihn auch noch füttern, und zwar erst, nachdem sie allein miteinander im Schlafzimmer sind. Thamar scheint immer noch nichts zu merken, und ich frage mich, ob sie sehr intelligent war.

Dann kommt, was kommen muß: ‹Als sie ihm die Kuchen zum Essen hinreichte, ergriff er sie und sagte zu ihr: ‹Komm lege dich zu mir, liebe Schwester!› (V. 11)

Thamar versucht nun verzweifelt, im letzten Augenblick noch die Eheschließung zu erreichen, und bittet Amnon, die Einwilligung des Königs zur Heirat einzuholen.

Aber nein! ‹Er wollte nicht auf ihre Vorstellungen hören, sondern überwältigte sie und tat ihr Gewalt an!› (V. 14)

Dann fällt der schwerwiegende Satz:

«‹Hierauf aber faßte Amnon eine überaus große Abneigung gegen sie, so daß der Widerwille, den er gegen sie empfand, noch stärker war als seine frühere Liebe zu ihr. Daher rief er ihr zu: ‹Mach, daß du fortkommst!› (V. 15)»

Ich machte eine Pause, dann fuhr ich fort:

«Die drei Bindeglieder der Ehe sind unzerteilbar und unzertrennlich. Das sexuelle Verlangen kann sich als zerstörende Macht auswirken, die Liebe in Haß verwandelt, wenn das Bindeglied der Trauung abgeschnitten und die Liebe nicht von der Ehe getragen und geschützt wird.

Wer den Beischlaf als Liebesbeweis fordert mit der bekannten Erpressungsformel: ‹Wenn du mich liebst, dann mußt du dich mir geben (oder vom Mädchen aus: mich nehmen)›, der verdient darum nur eine Antwort: ‹Du liebst mich nicht wirklich. Denn wenn du mich wirklich liebtest, dann würdest du gerade das nicht von mir verlangen.›

Der amerikanische Eheberater Paul Popenoe hat deshalb einen sehr praktischen Vorschlag gemacht. Er sagt, ein Mädchen solle ihrem Freund einen kleinen Zettel zuspielen, auf dem steht: ‹Sei behutsam, mein Freund, und zeige mir so, wie reich und tief du bist – oder ich erkenne an deiner Unbehutsamkeit, wie arm und flach du bist.›

Ich möchte zum Schluß ein paar Zeilen aus dem Brief eines Mädchens an seinen Freund vorlesen. Sie schreibt:

‹In unserem Miteinander gilt die Spielregel der Vorläufigkeit. Darum ist einer Leichtigkeit Raum gegeben, und das schätze ich am meisten. Denn gerade in der scheinbaren Leichtgewichtigkeit des noch nicht Endgültigen liegt Größe und Tiefe.›»

V

Wie am ersten Abend stellte ich mich wieder an den Ausgang, um den Besuchern die Hand zu geben. Im Vorbeigehen flüsterte mir ein großes, schlankes Mädchen zu:

«Ich werde Sie heute abend im Hotel anrufen.»

«Ich bin heute im Pfarrhaus. Sie müssen dort anrufen.»

«Gut.»

«Wie ist Ihr Name, bitte? Nur, damit ich gleich weiß, wer Sie sind.»

«Fatma.»

Dann war sie vorbei. Mir kam sofort der Gedanke, daß sie vielleicht die anonyme Anruferin sein könnte. Für einen Augenblick war ich versucht, ihr nachzulaufen. Aber dann kamen Miriam und Timothy.

«Können wir noch mit Ihnen sprechen?» fragte sie.

Wir einigten uns auf fünf Uhr am nächsten Nachmittag.

Die letzten, die mich begrüßten, waren Maurice und seine Mutter.

Sie hielt meine rechte Hand mit beiden Händen fest, während sie sprach, und verbeugte sich immer wieder.

«Sie möchte Ihnen danken», erklärte Maurice.

«Fragen Sie Ihre Mutter einmal, was sie heute abend besonders bewegt hat?»

Die Mutter dachte eine kurze Zeit nach. Dann übersetzte Maurice ihre Antwort.

«Sie sagt, daß die Liebe auch in der Ehe noch wachsen könne, und dann zitiert sie die Frau aus dem Musical: ‹Seit fünfundzwanzig Jahren leb ich mit ihm . . . Das muß ja Liebe sein.›»

Ich sah die kleine, alte Frau an mit ihrem drahtigen, ausgemergelten Körper, sah in ihr faltiges Gesicht mit den lebendigen Augen. – Daß sie sich ausgerechnet an diese Zeile erinnerte! Wenn sie das verstanden hatte, trotz aller Kulturunterschiede und Sprachbarrieren, dann konnte ich sicher sein, daß die Botschaft auch bei anderen angekommen war.

Kulturunterschiede? Wenn eine Zeile aus einem modernen amerikanischen Musical, das jüdisches Schicksal zum Thema hat und in Rußland spielt, eine sechzigjährige Witwe anspricht, die im afrikanischen Busch aufwuchs, dann kann das, was die Herzen der Menschen in der ganzen Welt bewegt, nicht so sehr verschieden sein. Die Unterschiede bilden nur die Oberfläche. Darunter ist nichts anderes als das gleiche menschliche Herz, voller Sehnsucht, Furcht und Hoffnung.

Zwischen Kirche und Pfarrhaus stand eine eifrig diskutierende Gruppe junger Leute, die ich für Studenten hielt. Ich erkannte darunter meinen Gesprächspartner vom Vorabend und trat auf die Gruppe zu.

«Nun, wen habe ich heute ‹zerstört›?»

«Uns», sagte ein junger Mann schlagfertig. «Sie haben uns vor den Mädchen blamiert. Als ob es heute nicht auch aggressive Mädchen gäbe, gegen die man sich zu wehren hat.»

«Gut», erwiderte ich, «dann bereiten eben auch Sie einen Zettel vor: ‹Sei behutsam, meine Freundin, und zeige mir, wie reich und tief du bist . . .›» Der Rest ging in Gelächter unter.

Mein Gegner von gestern schnitt es ab: «Wir haben den Kinsey-Report gelesen. Wir wissen Bescheid über die Ehen in Europa und Amerika. Wir kennen die Scheidungsziffern, den steigenden Prozentsatz von Sexualverbrechen und Jugendkriminalität, die pornographische Literatur, die Häufigkeit der vor- und außerehelichen Beziehungen. Uns können Sie nichts vormachen. Da sind unsere herkömmlichen Ehen immer noch stabiler. Lieber ein Garten als ein Morast. Es stimmt auch nicht, daß die nach unserem Brauchtum geschlossenen Ehen leer sind.»

Bevor ich antworten konnte, fragte ein Mädchen dazwischen:

«Muß man eigentlich heiraten? Kann man nicht auch ledig bleiben?»

Ich ging zunächst auf sie ein und fragte zurück:

«Warum wollen Sie denn nicht heiraten?»

«Es ist mir zu fad. Die Ehen, die ich um mich herum sehe, sind alle langweilig. Das reizt mich nicht. Da lebe ich lieber ohne Ehe.»

«Da haben Sie die Antwort», rief ich meinem Gegner zu. «Die Frauen empfinden die Leere eher als die Männer.»

«Es bleibt uns ohnehin keine Wahl», fuhr das Mädchen fort. «Unsere gebildeten Männer ziehen ungebildete Frauen vor, damit sie sie wie Gärten behandeln können. Aber in diese Rolle lassen wir uns heute nicht mehr pressen. Hören Sie sich doch einmal unter Studentinnen um! Da will kaum eine heiraten.»

«Aber ein Baby wollt ihr doch!» rief einer aus dem Hintergrund und hatte die Lacher auf seiner Seite.

«Warum nicht?» wehrte sich die Studentin. «Haben wir nicht ein Recht auf ein Baby?»

«Aber hat das Baby nicht auch ein Recht auf seinen Vater?» war meine Gegenfrage.

«Da haben Sie es!» schaltete sich mein Gegner wieder ein. «Unser bestes afrikanisches Brauchtum geht vor die Hunde, wenn das Garten-Leitbild aufgegeben wird. Früher waren bei uns uneheliche Kinder eine Schande. Jetzt werden sie zum Lebensinhalt.»

«Sie können sagen, was Sie wollen», sprang ihm ein anderer bei, «die ‹Gartenehen› haben immer noch mehr Aussicht auf Gelingen als die westlichen Liebesehen. Lieber auf eine heiße Kochplatte ein kalter Topf, der langsam warm wird, als auf eine kalte Kochplatte ein heißer Topf, der langsam kalt wird.»

«Sicher ist daran etwas Wahres», sagte ich. «Wir Europäer neigen dazu, die romantische Liebe zu überschätzen. Aber auch die ‹Gartenehe› hat ihr Risiko. Sie müssen damit rechnen, daß ein kalter Topf auf eine kalte Platte kommt und kalt bleibt.»

«Genau das habe ich gemeint», pflichtete mir die Studentin bei.

Aber mein Gegner gab sich nicht geschlagen: «Das Risiko mit der Liebe ist ungleich größer. Wir sehen an Europa und Amerika, wohin das führt. An ihrer Unmoral wollen wir uns nicht anstecken. Wir lassen uns auf das Glücksspiel mit der Liebe nicht ein!»

«Wenn Sie das unter Liebe verstehen, was aus Europa importiert

Ihnen hier in Ihren Kinos gezeigt wird, bin ich völlig Ihrer Meinung. Aber ich verstehe eben etwas anderes darunter.»

«Und was verstehen Sie unter Liebe?»

«Darüber werde ich morgen abend sprechen.»

Dabei ließ ich es bewenden und ging zum Pfarrhaus hinüber. Daniel, den ich erst jetzt in der Gruppe bemerkte, blieb noch zurück und führte die Diskussion fort.

Als ich eintrat, war der Tisch bereits für das Abendbrot gedeckt. Esther war in der Küche zusammen mit einem ziemlich jungen Mädchen, das ihr half. Sie bat mich, schon am Tisch Platz zu nehmen.

«In ein paar Minuten können wir essen.»

«Waren Sie heute abend auch in der Kirche?»

«Ja, natürlich.»

Sie mußte das Essen vorher zubereitet haben. Sicher ist sie eine gute Hausfrau, dachte ich.

Nach einigen Minuten stellte sie einen Nudelauflauf auf den Tisch. Dann brachte sie eine Platte mit Aufschnitt, gekochten Eiern und Tomaten herein. Als Nachtisch stand eine große Glasschüssel mit Fruchtsalat aus Bananen, Ananas, Papayas, Apfelsinen und Pampelmusen bereit.

Wir saßen uns gegenüber. Der Platz am oberen Ende des Tisches war für Daniel gedeckt.

«Diese Vorträge sind sicher sehr anstrengend», sagte Esther höflich.

«Es sind weniger die Vorträge selbst als die Gespräche hinterher, die Kraft kosten.»

Wir saßen einige Minuten schweigend da.

«Wo ist Daniel?»

«Er ist noch draußen und redet mit den Studenten.»

«Weiß er nicht, daß das Essen fertig ist?»

«Doch, das weiß er.»

Wir schwiegen wieder. Das Essen stand dampfend auf dem Tisch.

«Können Sie ihn nicht hereinrufen?»

«Das hat keinen Zweck. Er kommt erst, wenn er fertig ist.»

Wir warteten.

«Ich war sehr dankbar für Ihren Vortrag», sagte Esther – wahrscheinlich, um das Thema zu wechseln.

«Es ist eine große Hilfe, Ihren Mann als Übersetzer zu haben. Ich glaube, er verbessert dabei meine Vorträge ziemlich.»

«Er übersetzt gut.»

«Es ist wie bei einem Fußballspiel. Ich gebe ihm den Ball weiter, und er schießt ihn ins Tor.»

«Ja, er übersetzt gut.»

Wieder schwiegen wir. Dann nahm sie den Nudelauflauf und trug ihn zurück in die Küche.

Als sie zurückgekehrt war, sagte ich zu ihr: «Es ist Ihnen peinlich jetzt meinetwegen.»

Sie kämpfte mit den Tränen, beherrschte sich aber.

«Ich liebe Daniel sehr», sagte sie dann langsam. «Aber er kann keinen Tagesplan einhalten. Es macht mir nichts aus, schwer zu arbeiten, aber ich möchte meinen Tag einteilen und ein geordnetes Leben haben. Er dagegen plant nicht. Er handelt spontan, wie es ihm der Augenblick eingibt. Sicher ist er ein guter Pfarrer. Nur fürchte ich, er wird ausgenutzt.»

«Sie haben ganz verschiedene Gaben, und sie könnten einander ergänzen.»

«Vielleicht. Aber es gelingt uns nicht, diese Gaben zu koordinieren. Wir werfen uns die Bälle nicht zu. Wir werfen sie in verschiedene Richtungen. Sie rollen davon, und niemand hebt sie auf.»

‹Und niemand schlägt mir mein Zelt auf›, dachte ich.

Daniel kam immer noch nicht. Ich mußte Esther bewundern, wie gut sie ihre Ungeduld meisterte.

«Lassen Sie mich mal hinausgehen», sagte ich.

Sie zuckte mit den Schultern und versuchte zu lächeln, aber sie hielt mich nicht zurück.

Ich ging auf die Gruppe zu, mit der Daniel noch diskutierte.

«Meine Damen und Herren», sagte ich, «dieser Mann hier ist sehr müde. Außerdem hat er Hunger. In seinem Hause sitzt seine Frau und weint, weil das Essen kalt wird. Außerdem haben sie einen Gast aus Europa eingeladen. Er ist auch müde und hungrig, weil er heute abend in einer gewissen Kirche einen Vortrag gehalten hat ...»

Die letzten Worte gingen in Gelächter und Entschuldigungen unter. In weniger als einer Minute waren alle fort.

«Du kannst so etwas machen», sagte Daniel, als wir zum Haus hinübergingen. «Von mir würden sie das nicht annehmen.»

«Hast du es schon mal versucht?»

Wir traten ein und setzten uns zu Tisch. Esther holte den Auflauf wieder aus der Küche. Daniel sprach das Tischgebet. In diesem Augenblick klingelte das Telefon. Daniel fuhr in die Höhe.

Doch ich war bereit. Ich sprang auf, genau wie er, legte meine Arme auf seine Schultern, und zwang ihn zurück auf seinen Stuhl. Dabei rief ich Esther zu:

«Gehen Sie und nehmen Sie das Gespräch ab! Sagen Sie dem Anrufer, daß Ihr Mann jetzt keine Zeit hat. Fragen Sie ihn, ob er später noch einmal anrufen will oder ob Sie Ihrem Mann etwas ausrichten sollen.»

Sie kam schnell zurück. «Es war ein Mann. Er wollte dich nur grüßen. Er hatte keinen besonderen Grund anzurufen.»

Wir fingen an zu essen.

«Es ist immer dasselbe», kommentierte Esther. «In dem Augenblick, wo wir uns zu einer Mahlzeit niedersetzen, klingelt das Telefon. Im Durchschnitt steht Daniel vier- bis fünfmal bei jeder Mahlzeit auf, als sei er der Laufjunge seiner Gemeinde.»

Das Telefon klingelte wieder. Ich merkte, daß es Daniel alle Kraft kostete, nicht aufzustehen. Ich nickte Esther zu, und sie ging wieder gehorsam ans Telefon. Während sie draußen war, sagte Daniel:

«Verstehst du jetzt, warum wir dich im Hotel untergebracht haben?»

«Ich begreife. Aber ihr müßt eine Lösung finden. Das ist schlechtes Haushalten mit Kraft und Zeit.»

Esther kam zurück.

«Bei irgend jemand ist die Mutter krank», sagte sie. «Aber es ist nicht so eilig. Du kannst sie morgen besuchen. Ich habe die Adresse notiert.»

«Es ist auch nicht Ihre Aufgabe, Esther, das Telefon zu beantworten. Das könnte leicht zu bestimmten Zeiten jemand aus der Gemeinde übernehmen.»

«Es ist ja nicht nur das Telefon. Das größte Problem sind die ständigen Besucher. Sie kommen zu jeder Tages- und Nachtzeit.»

«Ich sehe keine andere Lösung, als daß ihr Sprechstunden einrichtet und die Zeiten an der Tür bekanntgebt.»

«Das mag bei euch in Europa gehen, aber Afrikaner verstehen das nicht. Sie würden das für sehr unhöflich halten. Es ist gegen unsere Tradition.»

«Mein Lieber, wenn du mal nach Deutschland kommst, nehme ich dich mit in das nächstbeste Pfarrhaus, und ich sage dir voraus, daß der Pfarrer dort genau dasselbe Problem hat. Hier geht es nicht um Sitten und Gebräuche, sondern um Auftrag und Gehorsam. Du kennst die Geschichte von dem Leuchtturmwärter. Der Leuchtturm stand an einer gefährlichen Meerenge. Er mußte das Feuer Tag und Nacht mit Öl unterhalten. In der Nähe war ein kleines Dorf. Die Dorfbewohner kamen immer wieder und baten den Leuchtturmwärter um ein paar Tropfen Öl für ihre Lampen. Er war zu gutmütig, um nein zu sagen. So gab er seinen ganzen Ölvorrat in kleinen Mengen aus. Eines Tages war der Vorrat erschöpft, und das Licht ging aus. Ein Schiff lief auf einen Felsen und sank. Mit seiner Gutmütigkeit hatte er den Tod vieler Menschen verschuldet.»

«Du hast recht», sagte Daniel, «ich bin unfähig, nein zu sagen.»

«Es geht hier nicht nur um dein Amt und deinen Auftrag, sondern auch um deine Ehe.»

«Wir müssen neu anfangen, das ist mir klar. Es ist die ‹rechte Ecke› des Dreiecks, an der wir arbeiten müssen – die Ecke des Teilhaben-lassens und gemeinsamen Tragens.»

«Wenn wir nur jeden Morgen eine Viertelstunde ununterbrochene Zeit füreinander hätten!» sagte Esther. «Aber wir stolpern einfach so in den Tag hinein und sehen, was passiert. Wie wenn man beim Autofahren sich von den Kurven der Straße lenken läßt, so lassen wir uns von äußeren Umständen und Zufällen lenken. Ich weiß nie, was er vorhat. Er weiß nicht, was ich vorhabe. Wir haben keine festen Mahlzeiten. Die Kinder leiden darunter auch.»

Es klopfte. Daniel und Esther sahen mich fragend an.

«Was macht denn eigentlich das Mädchen in der Küche?»

«Sie wartet nur, bis wir fertig sind, damit sie aufwaschen kann.»

Es klopfte wieder.

«Schicken Sie das Mädchen an die Tür. Es soll den Besucher fragen, ob er morgen wiederkommen könne.»

«Aber es muß vor neun Uhr sein», unterbrach mich Daniel.

«Gut, sagen Sie ihr das.»

Esther rief das Mädchen herein und erklärte ihr, was es zu tun habe. Es ging an die Tür und war in wenigen Augenblicken zurück.

«Was hat er gesagt?»

«Er war einverstanden.»

Daniel seufzte und schüttelte den Kopf. «Einmal mag das vielleicht gehen, aber auf lange Sicht werden unsere Leute das nicht verstehen.»

«Natürlich nicht, wenn du sie nie herausforderst. Kein Arzt, kein Rechtsanwalt, kein Lehrer kann ohne Tageseinteilung arbeiten. Die Viertelstunde, um die Esther bittet, ist wie das Steuerruder an einem Boot. Sie entscheidet die Richtung des Tages. Das Zeugnis, das du mit deiner eigenen Ehe gibst, wiegt hundert noch so gescheite Ehevorträge auf.»

Daniel erwiderte: «Ich sage dir ehrlich, wir müssen uns oft gegenseitig daran erinnern, daß wir verheiratet sind. Wenn wir unsere Ehe lediglich auf unsere Liebesgefühle gegründet hätten, hätten wir auf Sand gebaut. Dann wäre unsere Ehe schon längst zerbrochen.»

«Und das ist nicht so, obwohl ihr euch lieb habt», sagte ich, «sondern gerade weil ihr euch lieb habt, müßt ihr euch immer wieder daran erinnern, daß ihr verheiratet seid.»

«Ist dieser Gedanke, daß die Ehe die Liebe trägt, in Europa eine allgemein anerkannte Wahrheit?»

Vor solchen Fragen habe ich immer Angst in Afrika.

«Keineswegs», gab ich offen zu. «In Europa sind die drei Bindeglieder des Ehelebens heute oft vollkommen auseinandergerissen. Die Ehe ist von der Liebe getrennt, die Liebe vom Sex und erst recht natürlich der Sex von der Ehe.»

«In welcher Weise reißt man Liebe und Ehe auseinander?»

«Mit dem Argument, daß Liebe alles rechtfertigt. Ob mit oder ohne Ehe, Sex kann man immer haben, wo und wann man will und mit wem man will – solange man den anderen nur ‹liebt›.»

«Und was ist an diesem Denken verkehrt?»

«Es ist wirklichkeitsfern. Man sieht diese Welt nicht, wie sie ist. Es gibt in ihr keine absolute Freiheit. Die ‹freie Liebe› wirkt zerstörend wie ein Präriefeuer. Sie ist unmenschlich, dämonisch. Die Ehe bedeutet für die Liebe das, was der Herd für das Feuer ist.»

«Aber wie soll ich das unseren Leuten erklären?»

«Ich sehe nur eine Möglichkeit: mit dem Hinweis auf Gottes Liebe. Gott selbst ist Liebe. Gerade deshalb verzichtete er auf Freiheit und Macht. Er begrenzte sich selbst. Gott wurde Mensch. Liebe wurde Fleisch.»

«Aber das würde ja bedeuten, daß nur einer, der den menschgewordenen Gott ernst nimmt, Menschen wirklich bei ihren Eheproblemen helfen kann.»

«Letzten Endes ja. Denn nur er weiß, daß Gott selbst sich in dem Menschen verbirgt, den wir lieben. Wenn wir das nicht wissen, verfehlen wir ihn. Auch hier ist das Christusgemäße das Sachgemäße.»

Daniel dachte eine Weile nach.

«Und wie reißt man Liebe und Sex auseinander?»

«Da gibt es natürlich viele Meinungen. Es gibt Leute, die treten für Sex ohne Liebe ein. Sie behaupten, Sex müsse Spaß machen; Liebe verderbe den Spaß nur. Sie machen die Liebe lächerlich als leeres Geschwätz. Die Liebe, sagen sie, vergewaltigt den Sex. Sie schränkt ihn ein und unterdrückt ihn. Sex ist da für das Glück des Augenblicks. Man kann ihn nur genießen, wenn man ihn ausübt ohne jede Verantwortung und ohne jede Reue.»

«Das hieße ja, daß die drei Bindeglieder der Ehe in der westlichen Welt noch weiter auseinandergerissen sind als in Afrika», bemerkte Daniel. «Wenn wir die Liebe vernachlässigen, dann tun wir das ja zugunsten der Ehe und nicht zugunsten eines Sex, der von der Ehe gelöst ist. Dann wären wir ja Europa und Amerika geradezu voraus.»

«Oder ihr seid noch nicht so tief gesunken», antwortete ich, «das müssen wir abwarten. Im Augenblick läßt sich ganz bestimmt sagen, daß das Dreieck in Afrika noch mehr intakt ist als in Europa und Amerika. Aber ich bin ja nicht als Europäer zu euch gekommen, Daniel; ich kam ja als einer, der an den menschgewordenen Gott glaubt.»

«Das weiß ich. Sonst hätte ich dich auch nicht eingeladen», sagte Daniel. «Aber habe ich dich recht verstanden, wenn ich aus dem allen schließe, daß die Botschaft, die du heute abend gesagt hast, in Europa und Amerika noch weit weniger angenommen wird als in Afrika?»

«Sicher. Wer die Überzeugung vertritt, daß die drei Grundkräfte der Ehe nur zusammen ihre Dynamik entwickeln, ist einsam – ganz gleich, in welchem Kulturkreis. Der Mensch, der diesen Vers formuliert hat – daß ein Mann seinen Vater und seine Mutter verläßt, seiner Frau anhangt und mit ihr zu einem Fleisch wird –, muß auch so ein einsamer Rufer gewesen sein. Es ist auffällig, daß dieser Vers an keiner anderen Stelle im Alten Testament zitiert wird. Bei keinem der Propheten kommt er vor. Erst Jesus greift ihn auf.»

«Aber ist das Garten-Leitbild nicht auch im Alten Testament vorhanden?» wollte Esther wissen. «Da gibt es doch die Vorherrschaft des Mannes. Da gibt es die Scheidung als ein männliches Recht. Da gibt es Polygamie und eine starke Betonung der Fruchtbarkeit und Nachkommenschaft.»

«Es ist ein Prozeß, Esther, ein fortschreitender Vorgang», erwiderte ich. «Meiner Ansicht nach hat die Botschaft dieses Verses einen Prozeß in Gang gesetzt und die Maßstäbe in Israel mehr und mehr bestimmt. Das Garten-Leitbild kommt im Alten Testament vor, und doch wird es im Laufe der Zeit mehr und mehr überwunden. Wenn Jesus dann im Neuen Testament diesen Vers zitiert, so tut er es eindeutig, um gegen die Scheidung und für die Einehe Stellung zu beziehen.»

Das Telefon klingelte wieder. Wie ein Pascha winkte Daniel lässig seiner Frau mit der Hand.

«Mein ‹Garten› soll mich bedienen», scherzte er.

Esther stand gehorsam auf und ging in Daniels Arbeitszimmer, wo sich das Telefon befand. Sie kam zurück und sagte: «Diesmal ist es für Sie.»

Ehe ich mich versah, war ich aufgesprungen, genauso, wie es Daniel am Anfang unserer Mahlzeit getan hatte. Daniel lachte laut, während ich verlegen dastand und mir bewußt wurde, daß ich meinem eigenen Rat zuwidergehandelt hatte.

«Es sei dir verziehen», sagte er gnädig. «Erstens hast du deine Mahlzeit beendet, wenn man von der Hälfte deines Nachtischs absieht. Zweitens hast du mir zeigen wollen, daß du nicht gesetzlich bist.»

Ich ging langsam in Daniels Arbeitszimmer hinüber und nahm den Hörer auf.

«Spreche ich mit Fatma?»

«Ja.»

«Sagen Sie, sind Sie es, die mich gestern bereits zweimal angerufen hat?»

«Ja, das bin ich.»

«Haben Sie den Bibelvers nachgeschlagen?»

«Ja. Er beschreibt meine Lage genau. ‹Mein Zelt ist zerstört, und alle meine Zeltstricke sind zerrissen› – alle miteinander. Bei Ihrem Vortrag heute abend ist mir klar geworden, daß sie wirklich ausnahmslos alle zerrissen sind.»

«Denken Sie an etwas Bestimmtes?»

«Was Sie über die empfängnisverhütenden Mittel gesagt haben, daß sie die Liebe bedrohen.»

«Ich habe mich auch schon gefragt, wie Sie dieses Problem gelöst haben.»

«Wir haben es nicht gelöst. Das ist es ja gerade. Er denkt vielleicht, daß er es gelöst hat. Aber für mich ist es ungelöst. Anfangs hatte er mir gesagt, ich solle auf die fruchtbaren Tage aufpassen und sie nach dem Kalender abzählen. Aber das klappte nicht, und ich wurde schwanger. Dann hat er mir befohlen, mein Kind abzutreiben.»

«Und Sie haben ihm gehorcht?»

«Ja, selbstverständlich. Jetzt muß ich jeden Morgen eine Pille schlucken. Aber das heißt, daß ich nach drei Wochen immer eine Woche aussetzen muß, wegen der Blutung. Außerdem empfinde ich überhaupt nichts mehr, seit ich die Pille nehme.»

«Das sagen viele Frauen.»

«Sind empfängnisverhütende Mittel etwas Schlechtes?»

Was für eine Frage war das wieder!

«Sehen Sie, Fatma, das hängt alles davon ab, ob das Zelt zusammengebrochen ist oder ob es steht. Wenn das Zelt steht, dann bietet es eine Geborgenheit, in der sich Mann und Frau vertrauensvoll miteinander aussprechen können. Vielleicht beschließen sie dann gemeinsam, aus bestimmten Gründen noch mit einem Kind zu warten oder die Zahl ihrer Kinder zu beschränken. Sie einigen sich auf eine Methode, meistens mit Hilfe eines ärztlichen Ratgebers, der das dann auch überwachen kann. Sie können völlig offen miteinander reden und einander sagen, was sie empfinden. Und selbst wenn eine Schwangerschaft eintreten sollte, bevor sie es vorhatten, so ist das keine Katastrophe. Denn das Zelt steht ja und bietet dem Kind ein Zuhause. Jeder Mensch braucht ein Zuhause, erst recht ein Baby. Wenn aber das Zelt zerstört ist, wenn einer der Zeltstäbe fehlt, dann ist natürlich alles anders.»

«Das weiß ich nur zu gut. Ich habe schreckliche Angst vor einer erneuten Schwangerschaft, weil er mich dann sicher wieder zu einer Abtreibung zwingen würde. Es ist genau so, wie Sie es gesagt haben. Wenn einer der drei Zeltstäbe fehlt, dann sind auch die beiden anderen nicht tragfähig. Bei uns fehlt die Trauung, und deshalb harmonieren Sex und Liebe nicht. Ich komme mir vor, als schliefe ich jede Nacht im Freien, ohne Schutz. Genau wie es in Ihrem Vers heißt: ‹Und niemand baut mir mein Zelt!›»

«Hören Sie mal zu, Fatma. Wenn es Ihnen wirklich darum geht, die Dinge zu ändern, dann müssen Sie Ihren Mann zu mir bringen, damit ich mich mit ihm aussprechen kann.»

«Unmöglich.»

«Versuchen Sie es trotzdem.»

«Soll er allein kommen, oder sollen wir zusammen kommen?»

«Wie er will.»

«Und noch eine Bitte hätte ich: Dürfte ich Pfarrer Daniel und seine Frau über Ihr Problem informieren, damit ich auch seinen Rat hören kann?»

«Ich habe nichts dagegen. – Aber jetzt müssen wir aufhören, Mein Mann kommt.»

Ich ging in das Wohnzimmer und berichtete Daniel und Esther kurz von dem Gespräch. Wir saßen eine Weile schweigend da, während Esther Tee einschenkte.

«Ein typischer Fall», sagte Daniel. «Sie wollen immer eine Hintertür offenhalten. Sie möchten sich nicht eingeschlossen wissen.»

«Er behandelt sie wie eine Sklavin», bemerkte Esther.

«Es hilft nichts», erwiderte Daniel, «wir müssen den Tatsachen ins Auge sehen. Die absolute Vorherrschaft des Mannes ist eben tief in der afrikanischen Kultur verwurzelt.»

«Esther und Daniel», sagte ich, «es tut mir leid, daß ich das sagen muß, aber Fatma lebt nicht mit einem Afrikaner. Der Mann, mit dem sie lebt, ist ein Europäer. Es hat nichts mit dem Kulturkreis zu tun. Es ist eine Frage des Herzens.»

Sie schwiegen. Es schmerzte sie, weil sie mir nachfühlten, wie peinlich mir das sein mußte.

«Daniel, wenn sie ihn nun verlassen, sich eine Arbeit suchen und allein leben wollte – wäre das möglich?»

«Nicht in dieser Stadt. Es ist so gut wie unmöglich. Wir leben noch viel zu sehr nach dem ‹Garten›-Leitbild. Da gibt es keinen Platz für Unverheiratete.»

«Dann hat er sie ja völlig in seiner Gewalt. Ihre Eltern haben sie vor die Tür gesetzt, als sie zu ihm zog. Ein anderer würde sie nicht mehr heiraten, weil sie ihre Virginität verloren hat – und allein leben kann sie auch nicht. Dann hat sie recht. Da gibt es wirklich niemanden, der ihr ein Zelt baut.»

«Sie muß ihn auf jeden Fall verlassen», sagte Daniel. «Vielleicht kann sie zu Verwandten ziehen oder zu Freunden. Aber nimm einmal an, sie wäre tatsächlich rechtlich mit ihm getraut. Standesamtlich oder in irgendeiner Form. Rätst du manchmal, unter gewissen Umständen, zu einer Scheidung?»

«Wird ein Arzt einem Patienten raten zu sterben? Er wird um sein Leben kämpfen, solange noch ein Funken Hoffnung vorhanden ist. In gleicher Weise würde ich um eine Ehe kämpfen, solange sie noch Lebenszeichen von sich gibt. Wie jedes andere Lebewesen darf man sie weder aufgeben noch töten. Andererseits müssen wir zugeben, daß eine Ehe auch sterben kann.»

«Und wann ist eine Ehe tot?»

«Die Diskussionen über die Herzverpflanzungen haben gezeigt, wie schwierig es ist, genau zu bestimmen, wann das Leben aufhört. Viel schwieriger ist es noch, den Tod einer Ehe festzustellen.»

«Ich denke da an ganz bestimmte Ehen, in denen die Liebe völlig erstorben ist», sagte Daniel. «Die leibliche Gemeinschaft hat bereits vor langer Zeit aufgehört. Übrig ist nur noch der rechtliche Zustand. Sie sind verheiratet. Das ist alles. Sie leben vielleicht noch zusammen im selben Haus, aber sie gehen getrennte Wege. Meist leben sie auch getrennt. Und doch sind sie noch nicht geschieden. Das kann jahrelang so gehen. Meiner Meinung nach ist eine solche Ehe tot. Und doch hat Jesus gesagt: ‹Was Gott zusammengefügt hat, soll der Mensch nicht scheiden› (Matth. 19,5).»

«Aber die tiefere Frage ist ja die: Hat sie Gott wirklich zusammengefügt, oder haben sie sich die Ehe selber genommen? Oft hängt die Schuld am Sterben einer Ehe mit dieser tieferen Frage zusammen.»

«Würdest du Geschiedene ohne Zögern wieder trauen?»

«Nicht ohne Zögern. Mit viel Zögern sogar, und ich kann andere Kirchen verstehen, wenn sie anderer Auffassung sind. Aber unter gewissen Umständen würde ich es schon tun. Auf jeden Fall würde ich nur den schuldigen Teil wieder trauen.»

«Ich kann dir nicht ganz folgen.»

«Wenn jemand behauptet, daß er völlig unschuldig am Zusammenbruch seiner Ehe ist und daß die ganze Schuld einzig und allein auf Seiten seines Partners liegt, dann wird sehr wahrscheinlich auch seine zweite Ehe nicht gelingen.»

«Aber es gibt doch Leute, die wirklich unschuldig sind. Denke doch nur an den Fall, wo ein Partner anfängt zu trinken.»

«Selbst da gibt es noch eine tiefere Ebene der Schuldfrage. Auf dieser tieferen Ebene steht der Mensch nicht vor seinem Partner, sondern vor Gott. Ich würde immer zögern, jemanden wieder zu trauen, ehe er nicht diese tiefere Ebene ins Blickfeld bekommt.»

«Ist Fatma unschuldig?»

«Menschlich gesprochen sind ihre Eltern schuld, und dann natürlich dieser Mann. Und doch, vor Gott ist sie nicht unschuldig.»

«Und wie willst du ihr helfen?»

«Ich glaube, ich kann ihr nicht helfen, ehe sie das nicht eingesehen hat.»

Die letzte Frage hatte ich mit Daniel allein besprochen. Esther hatte sich etwas abseits in einen Lehnstuhl gesetzt, um ihren Tee zu trinken. Als wir uns nach ihr umsahen, war sie eingeschlafen.

«Mein ‹Garten› ist eingeschlafen», flüsterte Daniel lachend.

«Sie ist nicht dein Garten, Daniel. Sie ist dein Zeltgefährte, wenn du so willst. Du brauchst auch Schlaf. Kannst du mich zurückbringen ins Hotel?»

Als ich meinen Schlüssel beim Hotelportier abholte, gab er mir einen Brief. Er war von meiner Frau.

Sie redete mit mir, über die weite Entfernung hinweg.

Aber ich konnte nicht froh werden. Die Zeit zwischen meiner letzten Reise und dieser war nur kurz gewesen. Zu Hause war es schön gewesen, wie immer. Doch zur inneren Muße, zur vollkommenen Freude am Miteinander hatte es nicht gereicht. Das lastete auf mir.

Mein Zelt war schlaff geworden. Es mußte wieder gespannt werden.

Aber sie redete mit mir. Wir hatten doch wenigstens noch ein Zelt ...

Ich war noch im tiefsten Schlaf, als mich ein Klingeln weckte. Im Dunkeln suchte ich mit der Hand nach dem Wecker, als mir bewußt wurde, daß das Klingeln vom Telefon kam.

Ich machte Licht.

Es war zwei Uhr nachts. Ich nahm den Hörer ab. Der Nachtportier entschuldigte sich, daß er mich aufweckte.

«Ein Paar ist hier in der Empfangshalle. Sie behaupten, sie müßten unbedingt jetzt mit Ihnen sprechen.»

«Fragen Sie bitte die Dame, ob ihr Name ‹Fatma› ist.»

Er fragte und bestätigte das.

«Gut, sagen Sie den beiden, sie möchten sich noch fünf Minuten gedulden. Ich rufe wieder an, sobald ich fertig bin.»

Sie muß ihn überredet haben zu kommen, dachte ich, während ich mich anzog.

Kurz nachdem ich den Nachtportier verständigt hatte, betraten sie mein Zimmer.

Ich hatte schon viele schöne afrikanische Mädchen gesehen, aber noch niemals eines wie Fatma. Sie war hochgewachsen, schlank und trug ein Kleid ihrer Nationaltracht, das ihr bis zu den Knöcheln reichte. Sie schritt mit königlicher Eleganz einher, aber doch mit einer gewissen Zurückhaltung. Sie strahlte Sauberkeit aus. Armband, Ohrringe und Halsband waren geschmackvoll ausgewählt und genau auf das Kleid abgestimmt. Die feinen Gesichtszüge wurden dadurch noch hervorgehoben. Um ihre braunen Augen lag ein Hauch von Traurigkeit. Der Mann, der sie begleitete, trug Arbeitskleidung, die teilweise zerrissen und mit Öl befleckt war. Das weiße Unterhemd trug er über der Hose. Er war blond. Normalerweise beeindruckt mich die äußere Erscheinung eines Menschen wenig. Aber in diesem Falle war der Gegensatz zu dem Mädchen in seiner Begleitung so groß, daß ich, ohne es zu wollen, wahrnahm, daß er unrasiert war und schmutzige Fingernägel hatte.

Fatma entschuldigte sich zunächst für die unmögliche Zeit des Besuchs. Sie deutete an, sie habe bis halb zwei mit ihm gerungen, bis er endlich einwilligte, mit ihr zusammen herzukommen. «Wenn wir nicht sofort gekommen wären, hätte er sicher seine Meinung gleich wieder geändert.»

«Das macht nichts, Fatma, ich bin froh, daß Sie gekommen sind. Beide.»

Dann wandte ich mich an ihn. «Ich bin besonders froh, daß Sie mitgekommen sind. Das zeigt mir doch, wie sehr Fatma Ihnen am Herzen liegt, Herr ...»

«Nennen Sie ihn John», sagte Fatma. «Es ist zwar nicht sein richtiger Name, aber es ist die englische Entsprechung.»

John hatte sich in den Sessel fallen lassen und saß mit weit von sich gestreckten Beinen da, die Arme über der Brust verschränkt. Seine feindliche Haltung überraschte mich nicht. Natürlich hatte er Angst vor mir und argwöhnte, daß ich von vornherein auf Fatmas Seite sei. Es war eine schwierige Situation, denn ich mußte mir selbst eingestehen, daß ich tatsächlich auf ihrer Seite stand. Ein falsches Wort von mir, und er würde aufstehen und das Zimmer verlassen.

«Ich kann mir gut vorstellen, daß Sie Angst vor mir haben.»

Keine Antwort.

«Wahrscheinlich nehmen Sie an, daß Fatma Sie bei mir verklagt hat. – Aber das hat sie nie getan.»

Keine Antwort.

«Sie hat mir erzählt, wie gut Sie für sie sorgen. Sie ist Ihnen sehr dankbar, besonders dafür, daß Sie ihr noch eine Schulausbildung ermöglichen. Ich sehe auch, daß sie sich gut kleiden kann, durch Ihre Hilfe.»

Er zuckte mit den Achseln.

Fatma verstand sofort und sprang mir bei. «Du bist sehr gut zu mir, John. Ich weiß nicht, was ich ohne dich täte. Ich bin dir wirklich dankbar. Ich liebe dich. Ich kann nur nicht verstehen, warum wir nicht heiraten.»

«Die alte Platte», sagte er mit einem Seufzer, ohne aufzuschauen. «Wozu brauchen wir das Papier? Es gibt Hunderte von Paaren in meinem Land, die ohne Trauschein leben und sehr glücklich sind. Andere haben einen und sind unglücklich. Das Glück hängt nicht vom Papier ab.»

«Aber ich schäme mich vor meinen Freunden. Was soll ich ihnen denn sagen? Bin ich nun verheiratet oder nicht?»

«Deine Freunde! Deine Freunde interessieren mich überhaupt nicht.»

«Aber sie gehören zu mir. Wenn du mich liebst, mußt du auch meine Freunde lieben. – Mir geht es auch weniger um das Papier als um das Hochzeitsfest. Ich möchte ein großes Fest veranstalten und drei- bis vierhundert Leute einladen.»

John warf entsetzt die Arme hoch. «Dreihundert Leute!» rief er, «wie in aller Welt stellst du dir das vor? Ich sage dir, wenn wir schon heiraten, dann wird das eine ganz kleine Hochzeit. Wir beide und die Zeugen im Rathaus. Das ist alles.»

«Aber in unserem Land würden dann alle Leute denken, daß ich mich schäme, daß ich etwas zu verbergen habe. Aber ich möchte zeigen, daß ich stolz auf dich bin. Eine so kleine Hochzeit wäre bei uns eine Schande, die ich nicht ertragen könnte.»

Nun herrschte Schweigen.

«Ich habe den Eindruck, John», sagte ich langsam und vorsichtig, «daß Sie einen Schritt getan haben, dessen Folgen Sie sich noch nicht völlig überlegt haben.»

«Was für einen Schritt habe ich denn getan?» fragte er etwas schnippisch, aber ich war froh, daß ich ihn wenigstens ins Gespräch gezogen hatte.

«Den Schritt, Fatma zu sich zu nehmen. Sehen Sie, wenn Sie sich ein

Mädchen dieses Landes zur Frau auswählen oder zur zukünftigen Frau, dann wählen Sie eben nicht nur eine Einzelperson, losgelöst von allen anderen. Sie wählen sie mit ihrer ganzen Erziehung, mit ihrem Geschmack, mit ihren Neigungen und Abneigungen, mit ihren Sitten und Gebräuchen, kurz, mit ihrer Kultur. Aus unserem bisherigen Gespräch schließe ich, daß Sie Fatma zwar als ein Einzelwesen lieben, ihr Aussehen und ihren Charakter, daß Sie sie aber nicht mit ihrer Kultur angenommen haben.»

«Ich liebe sie», sagte er trotzig und abwehrend.

«Ja, das verstehe ich schon. Aber wirkliche Liebe heißt eben, daß Sie sie nicht nur als Einzelwesen liebhaben, sondern mit allem, was zu ihr gehört und was sie mitbringt. Ein großes Hochzeitsfest gehört einfach zu dieser Kultur. Wenn Sie ein Mädchen dieses Landes heiraten, dann müssen Sie diese Tatsache zur Kenntnis nehmen. Sie müssen bereit sein, Fatma mit ihrer Kultur anzunehmen, und zwar nicht widerwillig, sondern willig.»

Wieder sagte er eine Weile kein Wort. Ich hatte den Eindruck, daß dies völlig neue Gedanken für ihn waren.

«Sehen Sie», fuhr ich fort, «die Ehe ist immer eine Belastung. Eine Verantwortung, die es zu tragen gilt. Das ist auch unter normalen Umständen der Fall. Es könnte sein, daß diese zusätzliche Belastung durch den Kulturunterschied ein Zuviel darstellt. Es geht hier nicht um das Problem der Hautfarbe. Was solche Ehen scheitern läßt, ist die Tatsache, daß man den andern nicht voll angenommen hat mit seiner anderen Kultur. Das mag sich zunächst an lächerlich kleinen Dingen zeigen wie z. B. Lieblingsspeisen und deren Zubereitung – und es mag aufhören damit, daß man am anderen ein völlig verschiedenes Lebensgefühl entdeckt, eine andere Sicht der Welt und der Dinge.»

«Scheitern denn diese Ehen alle?» wollte Fatma wissen.

«Nein», sagte ich, «aber wenn sie gelingen, dann nur, weil beide lange Zeit in der Kultur gelebt haben, in der sie sich niederzulassen gedenken. Wenn z. B. ein europäisches Mädchen zehn Jahre lang in Afrika gelebt hat, dort mit der Familie ihres zukünftigen Mannes bekannt geworden ist, sich von ihr angenommen fühlt und genau weiß, was sie erwartet, dann ist sie fähig, eine reife Entscheidung zu fällen, und so eine Ehe kann durchaus gelingen. Leider ist das selten genug der Fall. Wenn ein Afrikaner ein weißes Mädchen heiratet, das er in Europa oder Amerika kennengelernt hat und das vorher nie in Afrika war, dann ist das Mädchen trotz allen guten Willens und trotz ernsthafter Vorsätze meistens nicht fähig, sich anzupassen, jedenfalls nicht so, daß sie glücklich wird.»

«Dann hat sie einen größeren Schritt gemacht, als ihre Röcke weit sind», scherzte John und lachte über seinen eigenen Witz.

Ich war froh, daß er jetzt entspannter zu sein schien, und wagte deshalb zu sagen:

«Es ist möglich, daß Sie beide im Begriff sind, denselben Fehler zu machen.»

«Wir lieben uns aber doch», beharrte John. Er sah mich an wie ein kleiner Junge, der Angst hat, daß man ihm sein Spielzeug wegnimmt. Er zog seine Beine an und saß jetzt aufrecht.

«Ja, aber Ehe ist eben mehr als Liebe. Unendlich viel mehr. Sie besteht nicht nur aus Mondschein und Rosen, sondern auch aus Abwasch und Windeln.»

«Windeln!» John zog die Nase hoch, als ekle er sich.

«Mögen Sie Kinder nicht?»

Er schüttelte den Kopf.

«Sie, Fatma?»

«Ich liebe Kinder sehr und möchte viele haben.»

«Also ein weiterer Punkt, an dem Sie sich nicht einig sind», bemerkte ich. «Was haben Sie denn überhaupt für Pläne, John? Haben Sie vor, in diesem Land zu bleiben?»

«Ich habe einen Arbeitsvertrag mit der Regierung, aber der läuft nächstes Jahr ab.»

«Und dann?»

«Ich weiß es noch nicht. Vielleicht gehe ich irgendwoanders hin. Nach Südamerika oder Japan.»

Fatma zuckte zusammen.

«Ich nehme an, daß Sie Fatma dann mitnehmen wollen?»

«Wie kommen Sie darauf?»

«Weil Sie eben sagten, daß Sie zu den Ehemännern gehören, die auch ohne Trauschein glücklich sind. Wenn man glücklich ist, will man dieses Glück doch nicht aufgeben.»

Er zuckte wieder die Achseln.

Dann brauste Fatma auf. «Du hast mir noch nie erzählt, daß dein Vertrag abläuft. Ich habe bisher immer angenommen, daß du dein ganzes Leben in meinem Land verbringen willst.»

John stand plötzlich auf.

«Good-bye, Sir. Wir müssen jetzt gehen. Es wird spät, oder soll ich lieber sagen – früh? Ich danke Ihnen vielmals.»

«Noch ein Wort», erwiderte ich, ergriff seine Hand und sah ihm direkt in die Augen: «Ich bitte Sie, John, um Fatmas willen, entscheiden Sie sich. Wenn Sie sie mitnehmen wollen, dann sagen Sie ihr das. Wollen Sie das nicht und haben Sie vor, sich nach Ablauf Ihres Vertrages von ihr zu trennen, dann sagen Sie ihr das auch. Bitte geben Sie das Versteckspiel auf und legen Sie die Karten auf den Tisch.»

«Vielen Dank», sagte er kühl.

«Haben Sie es weit nach Hause?» Ich fragte eigentlich nur, um die Spannung zu lösen.

«Nein, nur über den Fluß.» Dann verließ er das Zimmer. Fatma folgte ihm, ohne mich anzusehen.

Ich legte mich wieder hin, aber ich fand keinen Schlaf. Meine Gedanken kamen nicht zur Ruhe.

Nach ein paar Stunden stand ich auf und bestellte ein Frühstück aufs Zimmer. Dann las ich den Brief meiner Frau, den ich am Vortag erhalten hatte, noch einmal. Ich legte ihn zur Seite und versuchte, meine Vortragsnotizen zu ordnen. Dabei fiel mein Blick auf ein Heft mit dem Titel «Wie geht man mit depressiven Ratsuchenden um?»

Der depressive Ratsuchende bin ich selber, dachte ich. Die lastenden Gedanken vom Abend überkamen mich doppelt schwer. Ich versuchte wieder am Schreibtisch zu arbeiten. Aber das Grübeln war stärker. Sie möchte getröstet werden, dachte ich. Ja, das wird es sein. Und was erwarte ich von ihr? Daß sie mich versteht. Daß sie versteht, daß meine Arbeit oft Trennungszeiten erfordert.

Sie kann aber nicht verstehen, wenn sie nicht getröstet ist. Andererseits kann ich sie nicht trösten, wenn ich mich nicht verstanden fühle. Ein Teufelskreis.

«Danke fürs Zuhören», schloß ihr Brief. Hatte ich ihr wirklich zugehört? Tat ich es jetzt?

Immerhin – sie spricht mit mir. Sie tut also das, was Fatma und John nicht tun können. Auch Miriam und Timothy nicht. Nicht einmal Daniel und Esther. Dieser Gedanke half mir. Wir sprachen wenigstens noch in unserem ‹Zelt› miteinander. Auch wenn die Zeltbahnen erschlafft waren.

Ich schlug meine Bibel auf und las den 27. Psalm. Jedes Wort war mir wie ein erfrischender Trunk: «Mag ein Heer sich gegen mich lagern, mein Herz ist ohne Furcht; ... denn er beschirmt mich im Schirm seines Zeltes ...»

Diese Worte hatten mich vorher nie getroffen. Plötzlich sprachen sie mich an. Laut und unüberhörbar. Sein Zelt, dachte ich. Es ist ja gar nicht unser Zelt, es ist Gottes Zelt. Wir sind in seinem Zelt. Sein Zelt ist nie erschlafft.

Als ich das Frühstück beendet hatte, klingelte das Telefon. Es war wieder Fatma.

«Von wo aus rufen Sie an?»

«Von zu Hause.»

«Warum sind Sie denn nicht in der Schule?»

«Er hat gesagt, ich soll heute morgen ausschlafen. Er war sehr rücksichtsvoll, mehr als je zuvor.»

«Hat er Sie wieder eingeschlossen?»

«Ja. Ich bin wie ein Vogel im Käfig. Er ist sehr eifersüchtig, müssen Sie wissen. Aber ist nicht Eifersucht auch ein Zeichen von Liebe?»

«Einer gewissen Art von Liebe. Es ist eine sehr besitzergreifende, ängstliche, unreife Art. Reife Liebe dagegen hat Vertrauen. Sie gewährt dem andern Freiheit.»

«Meinen Sie, daß er mir vertraut?»

War ihr das nicht klar geworden?

«Wenn Sie sicher wären, würden Sie nicht fragen.»

Sie wich aus und wechselte das Thema.

«Ich möchte gern wissen, was Sie über ihn denken. Deshalb rufe ich an.»

«Um Ihnen die Wahrheit zu sagen, Fatma, ich habe mich geschämt.»

«Geschämt ...? Warum?»

«Ich habe mich geschämt als Europäer. Sie waren so gut angezogen, sauber und chic; er kam in seinen schmutzigen Arbeitskleidern. Ich glaube, er hatte sich nicht einmal die Hände gewaschen. Stört Sie sein Äußeres nicht manchmal?»

«Ja, schon. Aber ich denke eben, daß die Liebe das überwinden müßte. Und ich liebe ihn, und er liebt mich.»

Sie hält sich an einem Strohhalm fest, dachte ich.

«Ja, Fatma, das mag schon sein. Aber Sie denken an völlig verschiedene Dinge, wenn Sie zueinander sagen ‹Ich liebe dich›. Er denkt an Sex, während Sie an Ehe denken. Das ist der Unterschied.»

«Sie meinen, wir ziehen in zwei verschiedenen Richtungen?»

«Sie bauen kein Zelt miteinander. Einen Zeltstab haben Sie aufgestellt – oder Sie meinen es wenigstens, Ihre Liebe. Aber dann stellt er einen rechts davon auf und Sie den anderen links. Daraus wird niemals ein Zelt.»

«Was meinen Sie denn, was er vorhat?»

«Ich glaube, er hat sich noch nicht entschieden, und ich fürchte, daß er sich gar nicht entscheiden will. Das macht die Situation so schwierig für Sie.»

«Meinen Sie, er wird mich an die Luft setzen, wenn sein Kontrakt abgelaufen ist?»

Es war nun eindeutig, daß sie aus seinen Bemerkungen keine Schlüsse gezogen hatte oder keine hatte ziehen wollen.

«Keine Macht der Welt kann ihn dazu zwingen, Sie zu heiraten, und nichts kann ihn daran hindern, Sie zu verlassen.»

Schweigen.

«Um ganz offen zu sein – ich wünschte fast, daß er Sie verläßt.»

Ich spürte, als ich sprach, daß diese Worte wie ein Messer schnitten.

«Aber wenn er mich verläßt, dann stehe ich vor einem Nichts ... Da ist ein Abgrund. Wohin soll ich denn gehen?»

In Gottes Zelt, dachte ich. Wenn ich nur heilen könnte nach dem Schneiden!

Sie gab sich keine Mühe mehr, ihr Weinen zu verbergen. Ihre Stimme ging in Schluchzen unter.

«Good-bye, Pastor», sagte sie.

«Fatma», rief ich schnell, «kennen Sie den 27. Psalm?»

Ich war nicht sicher, ob sie schon aufgehängt hatte, ehe ich das sagen konnte ...

Miriam und Timothy kamen an diesem Nachmittag eine halbe Stunde zu spät. Sie erklärten, daß Timothy nicht eher habe abkommen können.

«Gut», sagte ich, «dann müssen wir ohne Umschweife zur Sache kommen, denn Maurice wird mich bald abholen. Was mir bei Ihnen die größte Sorge macht, ist die Tatsache, daß Sie offensichtlich nicht miteinander reden können. Timothy wußte nicht einmal, wie alt Sie sind, Miriam, noch wieviel Schulbildung Sie haben, noch was Sie verdienen. Ich wußte tatsächlich mehr über Sie als er. Wie können Sie sich das erklären?»

«Wir hatten ein kurzes Gespräch, ehe wir hierher kamen», sagte Miriam, «und wir wollen auch ohne Umschweife zur Sache kommen.»

Es war interessant, daß sie antwortete und nicht er.

«Wir haben von der Seite des Sex her angefangen.»

Dieser Erklärung folgte ein kurzes Schweigen. Mir war durchaus bewußt, daß sie sie einigen Mut gekostet hatte. Ihre Ehrlichkeit gefiel mir.

«Ich habe Ihnen schon gesagt, daß wir nach unserem Brauchtum uns nicht treffen können, es sei denn, wir sind verlobt. Vier Wochen nach unserer Verlobung wurden wir dann intim.»

«Was hat das aber damit zu tun, daß Sie nicht miteinander reden können?»

«Eine ganze Menge. Das Intime wurde bald zur Hauptsache, zum Hauptgrund für unsere Begegnungen. Wir wußten jedes Mal, wenn wir uns trafen, wie es enden würde. Wir dachten nur an dieses eine. Alles andere wurde zweitrangig.»

«Aber jetzt, Timothy und Miriam, müssen Sie mir etwas erklären, was ich nicht verstehe.»

«Gern.»

«Sie sagen, nach dem Brauchtum können Sie sich nicht begegnen, es sei denn, Sie seien verlobt.»

«Richtig.»

«Gehört es denn aber nun auch zu Ihrem Brauchtum, intim zu werden, sobald Sie verlobt sind? Pfarrer Daniel hat mir erzählt, daß die Virginität vor der Ehe von diesem Brauchtum sehr hoch eingeschätzt wird.»

«Nun ja», sagte Timothy mit einem etwas verlegenen Lächeln. «Sehen Sie, wir gehören schon zu der jüngeren Generation. Wir jungen Menschen von heute sind moderner. Wir sind für Fortschritt. Wir betrachten die alten Traditionen nicht mehr als bindend.»

«Genau das wollte ich hören», sagte ich. «Solange Ihr Brauchtum Ihren eigenen Wünschen entgegenkommt, sind Sie ‹afrikanisch›; dann zögern Sie nicht, sich zu verloben, ohne sich zu kennen. Aber wenn das Brauchtum Ihren Wünschen nicht entspricht, dann werden Sie plötzlich ‹modern› und ‹fortschrittlich› und werfen die alten Sitten über Bord. Wissen Sie, wie wir so etwas auf deutsch nennen?»

Natürlich wußten sie das nicht.

«Wir haben ein schönes, langes deutsches Wort dafür. Wir nennen das ‹Dünnbrettbohrer›. Es bezeichnet einen, der sich immer die dünnste Stelle aussucht, wenn er ein Loch in ein Brett bohren will.»

Miriam zog Bleistift und Papier heraus und bat mich, das Wort zu buchstabieren. Wieder war sie es, die genug Interesse zeigte, um ein neues Wort zu lernen.

«Bin ich zu hart mit Ihnen?»

«Bitte, seien Sie hart mit uns. Ich wäre froh, wenn meine Eltern so hart mit mir geredet hätten. Aber sie reden nie. Sie beargwöhnen uns nur.»

«Gut, dann lassen Sie mich hart sein. Erst sagen Sie: ‹In unserer Gesellschaft ist es unmöglich für junge Menschen verschiedenen Geschlechts, sich zu treffen. Wir können nicht einmal miteinander reden, es sei denn, wir sind verlobt.› Und dann ist es plötzlich möglich, miteinander zu schlafen und alle Tabus der Gesellschaft einfach beiseitezuschieben. Warum ist es so schwer, miteinander zu reden, und so einfach, miteinander zu schlafen?»

Sie starrten vor sich hin zu Boden. Schließlich sagte Miriam:

«Es ist nicht einfach. Der einzige Ort, den wir finden konnten, war im Auto.»

«Welch ein Fortschritt!» rief ich. «Ihr seid perfekte Europäer oder Amerikaner.»

«Aber es war die einzige Möglichkeit», sagte Timothy. «Ihre Familie ist sehr streng und meine auch.»

«Und trotz dieser Strenge haben Sie eine Möglichkeit gefunden», sagte ich. «Wenn Sie wirklich gewollt hätten, dann hätten Sie auch einen Platz gefunden, wo Sie miteinander reden können, selbst ohne verlobt zu sein. Warum waren Sie nicht zuerst etwas weniger afrikanisch und dabei etwas moderner und haben versucht, sich vor der Verlobung kennenzulernen – und warum waren Sie dann nicht ein bißchen weniger modern und dafür etwas afrikanischer und haben mit der körperlichen Vereinigung noch gewartet?»

«Weil wir ...», Timothy zögerte, aber Miriam kam ihm zu Hilfe. Sie faltete den Zettel auseinander, auf dem sie sich das schwierige deutsche Wort notiert hatte, und sagte langsam und sorgsam buchstabierend, mit einem seltenen Sinn für Selbstironie: «Weil wir ‹Dünnbrettbohrer› sind.»

Ich war erleichtert, daß sie so auf meinen Angriff reagierte.

«Aber trotzdem bereue ich es nicht», sagte Timothy. «Es ist einfach nicht wahr, was Sie gestern gesagt haben, daß Sex ohne Ehe die Liebe zerstört und sie in Haß verwandelt. Wenigstens in unserem Fall stimmt das nicht. Es hat unsere Liebe vertieft. Es war schön.»

Ich sah Miriam an. Sie griff nach Timothys Hand als wolle sie dadurch verhindern, daß ihre Worte ihn verletzten. Dann sagte sie leise:

«Vielleicht für dich, aber nicht für mich.»

«Für dich war es nicht schön?» Timothy schien überrascht zu sein. «Was war denn nicht schön?»

«Alles. Der Ort, die Eile, das Heimliche, die Angst vor Entdeckung, daß jemand kommen könnte und zum Fenster hereingucken. Ein Auto ist eben kein Zelt, in dem man sich geborgen fühlt.»

Timothy seufzte tief. Für ihn brach eine Welt zusammen. Miriam fuhr fort: «Trotz aller Vorsichtsmaßnahmen wurde ich auch nie ganz die Angst vor einer Schwangerschaft los. Das ist nicht ‹schön›.»

«Ich habe dir doch gesagt, du sollst Pillen nehmen.»

«Als unverheiratetes Mädchen zu einem Arzt gehen und um ein Rezept bitten? So modern bin ich nun auch wieder nicht.»

«Ich habe dir ja angeboten, rechtzeitig zurückzuziehen, aber das wolltest du ja auch nicht.»

«Du weißt auch genau warum. Dann bringst du mich jedes Mal auf Hochspannung, aber ich komme nie wirklich zur Erfüllung. Ich bat dich, dir Kondome zu kaufen, aber dir war es zu peinlich, in eine Apotheke zu gehen.»

«Ja, weil man da meistens von Mädchen bedient wird. Außerdem werden Kondome gewöhnlich für Prostituierte verwendet, und du bist doch für mich keine Prostituierte, Miriam.»

«Ich mache dir ja keine Vorwürfe, Timothy», sagte Miriam mit so viel Zartheit wie sie nur aufbringen konnte. Dabei umklammerte sie seine Hand noch fester. «Ich versuche dir ja nur zu erklären, warum es nicht so schön war.»

«Aber warum hast du mir das nie gesagt?»

«Ich dachte, du brauchst es, und du wärest sonst enttäuscht und würdest an meiner Liebe zweifeln.»

Timothy seufzte wieder. Für einige Augenblicke sagten sie nichts. Ich hatte sie absichtlich nicht unterbrochen und war froh, daß sie angefangen hatten, endlich ehrlich und offen miteinander zu reden. Darum sagte ich:

«Ich schlage Ihnen vor, daß Sie jetzt gehen und allein weitersprechen; Sie müssen jetzt Ihre eigene Entscheidung fällen. Aber es kann sehr gut sein, daß diese mehr oder weniger unbefriedigenden Erlebnisse etwas mit Ihrer Unsicherheit zu tun haben.»

«Woran können wir denn merken, daß wir uns lieben?» fragten sie beide gleichzeitig.

«Diese Frage versuche ich heute abend in meinem Vortrag zu beantworten», versprach ich.

Timothy und Miriam waren gerade gegangen, als Maurice in mein Zimmer trat. Sein Auftreten und seine Erscheinung nahmen mich wieder ganz für ihn ein. Sein Gang glich seiner Redeweise – entschieden und doch ohne den Versuch, Eindruck zu machen. Wenn ich mich mit ihm unterhielt, spürte ich wohl seine Intelligenz, und doch versuchte er nie, geistreich zu sein. Ein gewisser Widerspruch blieb aber in seiner Persönlichkeit. Einerseits war er ganz männlich, andererseits aber ganz hilflos. Seine reife Art, sich auszudrücken, war oft von einem jungenhaften Lächeln begleitet.

«Wo haben Sie denn Ihre Mutter gelassen?»

«Sie wartet unten im Auto. Ich habe ihr gesagt, daß ich etwas mit Ihnen besprechen wolle. Sie sagte, sie könne es ohnehin nicht verstehen, wenn wir Englisch sprechen. – Sie erinnern sich ja an meine Frage: Wie rede ich ein Mädchen an?»

«Maurice, ist denn das so schwer? Seien Sie doch einfach Sie selber. Versuchen Sie nicht, sich interessant zu machen. Geben Sie nicht vor, jemand zu sein, der Sie nicht sind. Zeigen Sie statt dessen Interesse für das Mädchen. Fragen Sie sie nach ihren Lieblingsbeschäftigungen, nach ihrer Familie, nach ihren Neigungen. Unterhalten Sie sich mit ihr über Bücher, die sie gelesen hat, oder einen Film, den sie gesehen hat. Sie müssen versuchen, ein gemeinsames Interessengebiet herauszufinden und dann darüber zu reden.»

«Als ob das so einfach wäre!»

«Sagen Sie mal, Maurice, Sie sind jetzt vierunddreißig. Haben Sie wirklich noch nie eine Freundin gehabt?»

«Doch, aber ich wollte sie nicht heiraten.»

«Und warum nicht?»

«Ich schickte sie zu einer ärztlichen Untersuchung. Dabei stellte sich heraus, daß sie keine Jungfrau mehr war.»

«Und deshalb haben Sie sie verlassen?»

«Ja.»

«Und was wurde dann aus ihr?»

«Ich weiß es nicht. Meinen Sie, das war verkehrt?»

«Maurice, vorgestern abend haben Sie mir das Prostituiertenviertel gezeigt. Könnte es nicht sein, daß Ihre Freundin jetzt dort lebt? Sie haben Sie in dasselbe Schicksal gestoßen, vor dem Sie Ihre Mutter bewahren wollten.»

Maurice sagte nichts.

«Was mich so ärgert, ist diese doppelte Moral. Mädchen müssen Jungfrauen bleiben. Männer müssen Sex haben. Das ist so unlogisch. So ungerecht. So typisches ‹Garten›-Denken. Mein Lieber, manchmal wünschte ich, daß Männer schwanger werden könnten!»

«Aber meinen Sie denn nicht, daß man vor der Ehe einige Erfahrungen sammeln muß? Man kann doch nicht völlig unerfahren in die Ehe treten.»

«Jeder tritt unerfahren in die Ehe, Maurice. Sehen Sie, jeder Mensch ist anders, und jedes Paar ist darum doppelt anders. Aus diesem Grunde werden die vorehelichen Erfahrungen eher zur Last als zur Hilfe für die Ehe. Die Wahl ist nur zwischen zwei Dingen. Entweder tritt man unerfahren in die Ehe oder mit belastenden Erfahrungen. – Aber entschuldigen Sie, ich glaube, wir müssen jetzt gehen. Der Vortrag beginnt schon um halb sieben.»

Als wir die Treppe hinuntergingen, fragte Maurice: «Warum ist es eigentlich so schwer, junge Menschen davon zu überzeugen, daß das voreheliche Probieren ihnen nur negative Erfahrungen einbringt?»

«Weil sie das erst einsehen können, wenn sie selbst positive Erfahrungen gemacht haben.»

«Sie meinen also nicht, daß das mit dem Geschlechtstrieb zusammenhängt?»

«In erster Linie ist es wahrscheinlich überhaupt kein sexuelles Problem. Sie brauchen jemanden, dem sie so vertrauen können, daß sie ihm eine Wahrheit abnehmen, selbst wenn sie sie noch nicht erfahren haben. Sie müssen ihm glauben, daß er ihnen nichts vorenthalten, sondern ihnen zu einem lohnenden Ziel verhelfen will. Die meisten aber haben niemanden, dem sie so viel Vertrauen schenken können. Das ist das Problem.»

Wir kamen jetzt zum Auto. Maurice' Mutter begrüßte mich wieder mit großer Freundlichkeit und Höflichkeit.

«Fragen Sie sie mal, was sie über das Dreieck denkt», sagte ich zu Maurice, während wir zur Kirche fuhren.

Shilah, so hieß seine Mutter, hielt eine lange Rede. Maurice lächelte ständig, während sie sprach, und dann faßte er es für mich zusammen:

«Sie denkt überhaupt nicht an das Dreieck. Sie stellt sich einen Schemel mit drei Beinen vor.»

«Einen Schemel?»

«Ja, eine Art Dreibein. Es ist ein niedriger Schemel mit drei kurzen Füßen. Die ältere Generation liebt diese Art von Sitzgelegenheit. So ein Schemel kann nämlich niemals wackeln, solange er drei Beine hat. Auch nicht, wenn sie verschieden lang sind oder der Boden uneben ist. Wenn man aber ein Bein wegnimmt, dann rutscht man runter.»

«Sie haben eine großartige Mutter, Maurice. Sagen Sie ihr, daß ich ihren Vergleich ausgezeichnet finde, und fragen Sie sie mal, ob sie die Vielehe auch für einen dreibeinigen Schemel hält.»

Er übersetzte, und sie antwortete.

«Sie behauptet, daß eine polygame Ehe immer wackelt. Da rutsche man immer zu Boden. Sie würde niemals daran denken, zweite Frau neben einer anderen zu werden. Eher würde sie sterben.»

«Ist das auch die Ansicht der jüngeren Frauen?»

«Nicht nur der Frauen, sondern auch der Männer. Im allgemeinen lehnt die jüngere Generation heute die Vielehe ab, mit Ausnahme von einigen reichen Funktionären vielleicht. Aber die anderen ziehen es vor, mit *einer* Frau zu leben. Viele wissen nur nicht, wie sie das machen sollen.»

«Sagen Sie Ihrer Mutter, daß es in Amerika und Europa gewisse Leute gibt, die dort die Vielehe heute wieder einführen wollen.»

«Sie möchte wissen, warum», übersetzte Maurice die Bemerkung seiner Mutter.

«Sie meinen, das würde das Problem der Ehelosen und der Witwen lösen und gleichzeitig das Eheleben abwechslungsreicher gestalten.»

Maurice erklärte das seiner Mutter. Shilah sagte daraufhin etwas, das Maurice laut auflachen ließ.

«Was hat sie gesagt?»

«Es ist unübersetzbar. Sie benutzte einen sehr starken Ausdruck. So etwas wie: ‹Sie sind verrückt. Sie wissen nicht, wovon sie reden.›»

VI

Als wir uns der Kirche näherten, kamen uns bereits Menschen entgegen.

«Die Kirche ist voll», bemerkte Maurice. «Die Leute kehren schon wieder um.»

Er hatte recht. Nicht nur die Bänke waren voll besetzt, sondern man stand auch Kopf an Kopf im Mittelgang und in den Seitengängen. Wir brauchten einige Zeit, bis wir uns nach vorn durchgearbeitet hatten. Sogar um den Altar waren Stühle im Halbkreis gestellt, auf denen einige ältere, sehr würdig aussehende Männer saßen.

Wieder befiel mich eine Beklemmung. Zwar kannte ich jetzt einige der Probleme, aber bei weitem nicht alle. Es war mir unmöglich zu beurteilen, welche Wirkung meine Worte hatten, ob sie Hoffnung oder Verzweiflung weckten. Ich empfand es als eine erdrückende Verantwortung.

Als Daniel neben mir auf der Kanzel stand, wurde ich zuversichtlicher.

Dann entdeckte ich Fatma. Sie saß auf der Frauenseite in einer der hinteren Bänke. Ihr Gesicht mit den fragenden und erwartungsvollen Augen hob sich deutlich von den anderen ab. Ich bat still um ein Wort, das ihr helfen würde.

«Gestern sprachen wir über die Frage, von welcher Seite her wir am besten auf die Ehe zugehen, und ich habe zwei Antworten auf diese Frage gegeben, die herkömmliche und die moderne.

Heute wollen wir die *biblische Antwort* auf unsere Frage hören. Um sie zu finden, müssen wir über das erste Wort unseres Schlüsselverses nachdenken:

‹*Darum* wird ein Mann seinen Vater und seine Mutter verlassen und seiner Frau anhangen, und sie werden zu einem Fleisch.›

Um das Wort ‹darum› zu verstehen, müssen wir uns einen Augenblick in Erinnerung rufen, daß dieser Vers den Abschluß einer Erzählung bildet. Es ist eine sehr bekannte und oft belächelte Erzählung. Sie berichtet, wie Gott dem Manne, den er geschaffen hatte, eine ‹Gehilfin›, die zu ihm ‹paßt›, zur Seite stellen wollte, ein ebenbürtiges Gegenüber, das ihm entspricht und ihn ergänzt:

‹Da ließ Gott der Herr einen tiefen Schlaf auf den Menschen fallen, so daß er einschlief. Dann nahm er eine von seinen Rippen heraus und verschloß deren Stelle wieder mit Fleisch; die Rippe aber, die Gott aus dem Menschen genommen hatte, gestaltete er zu einer Frau und führte diese dem Manne zu. Da rief der Mensch aus: Diese endlich ist es: Gebein von meinem Gebein und Fleisch von meinem Fleisch!› (1. Mose 2,21–23)

Die Geschichte beschreibt – obwohl das Wort nicht fällt – so plastisch wie kaum eine andere die Wirklichkeit der Liebe: Der Mensch spürt beim ersten Anblick der Frau: Wir gehören zusammen! Staunend und begeistert ruft er es aus.

Wie kommt es, daß sich die Geschlechter unaufhörlich nacheinander sehnen? Wie ist es zu erklären, daß sie magnetisch voneinander angezogen werden? Die Antwort lautet: Sie sind – wie das Schnitzwerk aus Liberia, das ich euch vorgestern zeigte – aus demselben Stück gemacht, zwei Teile eines Ganzen, die wieder zusammenstreben und in gegenseitiger Ergänzung ein Ganzes bilden wollen. Sie wollen ‹ein Fleisch› werden. Dabei ist zunächst in diesen Versen ganz konkret an körperliche Ergänzung gedacht.

Die Macht, die immer wieder dieses Ganzwerden ersehnt, ist die Liebe.

Darum also, um der Liebe willen, werden beide ihre Eltern verlassen, einander anhangen und ganz eins werden.

Wenn wir die Frage an die Bibel stellen, von welcher Seite her wir damit beginnen sollen, so antwortet sie: von der Liebe her, von der Seite des Anhangens. Damit wird gleichzeitig dem Mißverständnis gewehrt, als wolle der Dreiklang ‹verlassen – anhangen – ein Fleisch sein› eine zeitliche Reihenfolge nahelegen.

Die Liebe hat die größte Verheißung, das dynamische Kräftespiel in Gang zu bringen, es zu entfachen und zu entfalten.

Es gibt jedoch noch einen anderen Grund, warum die Bibel uns rät, durch die Tür der Liebe einzutreten. Sowohl der öffentlich-rechtliche Akt der Trauung wie der Akt der sexuellen Gemeinschaft schaffen unwiderrufliche Tatsachen, hinter die niemand mehr zurückgehen kann. Von ihnen gilt, was der französische Dichter Paul Claudel einmal von der Blüte eines Kirschbaums und der Entdeckung Amerikas sagt: ‹Es gibt seltsame und kostbare Erlebnisse in unserem Leben von solcher Tragweite und Gültigkeit, daß sie nicht rückgängig zu machen sind.›

Für die suchende, tastende Liebe, die noch überlegt, ob sie sich zum ‹Anhangen›, zur Treue entscheiden soll, gibt es noch ein Zurück. Ja, selbst wenn sie diese Entscheidung gefällt hat und durch das Treueversprechen eine Bindung eingegangen ist, aber nach einiger Zeit spürt, daß es eine Fehlentscheidung war, kann sie noch umkehren. Für ein verlobtes Paar gibt es dann immer noch – gerade um der Liebe willen – die Möglichkeit der Entlobung, der gegenseitigen Freigabe, ohne daß eine unheilbare Wunde und bleibender Schaden für den anderen entsteht.»

In diesem Augenblick konnte ich nicht umhin, einen Blick auf Miriam und Timothy zu werfen. Ich bemerkte sie in der letzten Bank auf der Männerseite. Miriam war das einzige Mädchen, das auf dieser Seite saß. Die Sitten sind also doch zu umgehen, wenn man nur will, dachte ich.

«Die Liebe ist eine Tür, durch die man in die gegenseitige Bindung eintreten, zur Not aber auch – wenngleich unter Schmerzen – wieder hinausgehen kann.

Der Trauakt hingegen ist endgültig. Er ist wie eine Tür, die ins Schloß fällt und innen keine Klinke hat. Natürlich kann man sie aufbrechen. Aber das ist erheblich schwieriger und hat auch schwere rechtliche Folgen.

Ähnlich unwiderruflich ist der Geschlechtsakt. Menschen, die den Sexualakt gesetzt haben, sind in ihrem Persönlichkeitsstande irgendwie anders als solche, die unberührt geblieben sind. Sie können nicht mehr zueinander stehen, als hätten sie ihn nicht gesetzt.[2]

Nach der Bibel macht der Geschlechtsakt aus zwei Menschen ein Paar. Das ist auch der Fall, wenn sie es nicht ernst gemeint und nie die Absicht gehabt haben zu heiraten. Der Apostel Paulus nimmt hier sehr eindeutig Stellung: «Wißt ihr nicht, daß eure Leiber Christi Glieder sind? Sollte ich nun die Glieder Christi nehmen und Hurenglieder daraus machen? Das sei ferne! Oder wißt ihr nicht, daß, wer an der Hure hangt, der ist ein Leib mit ihr? Denn ‹es werden›, sagt die Schrift, ‹die zwei ein Fleisch sein›.» (1. Korinther 6,15–16) ‹*Ein* Fleisch› – das kann auch keine Scheidung rückgängig machen.»

Als ich diesen letzten Satz ausgesprochen hatte, gab es eine Bewe-

---

2 Nach Herbert Doms, Vom Sinn und Zweck der Ehe (Verlag Wort und Wahrheit), S. 50. Der französische Theologe Jean Jacques v. Allmen betont in seinem Buch Maris et femmes d'après Saint Paul, daß nach Paulus der Geschlechtsakt in jedem Fall beide Partner unauflöslich aneinander binde. Jedenfalls sieht Paulus (so H. D. Wendland, Die Briefe an die Korinther, S. 51) nach 1. Korinther 6,16 ff. im Verkehr mit der Hure eine so starke Bindung, daß sie den Menschen völlig aus der Christus-Bindung ausschließt und ihn (wesentlich anders als etwa Trunksucht) als Leib und Person trifft. Weiteres bei Robert Grimm S. 43 ff.

gung im hinteren Teil der Kirche. Jemand war aufgestanden und wollte hinaus. Aber da Besucher, die zu spät gekommen waren, den Eingang blockierten, entstand eine ziemliche Unruhe. Die Leute in den vorderen Reihen schauten sich um.

Dann erkannte ich, wer hinaus wollte. Es war Fatma.

Von diesem Augenblick an war ich unruhig und besorgt. Ich versuchte mir einzureden, daß sie vielleicht eher zur Schule zurück müsse, da wir später angefangen hatten. Sie wollte wohl John nicht verpassen. Aber diese Erklärung beruhigte mich nicht völlig. Ich hatte das Gefühl, daß etwas nicht stimme. Doch zunächst blieb mir keine Wahl. Ich mußte weitersprechen. Nach kurzer Überlegung fuhr ich deshalb fort:

«Aber Paulus sagt weiter: ‹Wer aber dem Herrn anhangt, der ist ein Geist mit ihm.› Ihm eröffnen sich selbst in der ausweglosesten Lage ganz neue, ungeahnte Möglichkeiten.

Am besten ist es aber, von vornherein durch die Tür der Liebe einzutreten, denn dieser Schritt ist nicht unwiderruflich. Deshalb legt es uns der Erzähler der Schöpfungsgeschichte nahe, mit der Liebe zu beginnen. Mit Trauakt oder Geschlechtsakt zu beginnen ist zumindest riskant. Bei einem Rückzug kann man möglicherweise den anderen und sich selbst schwer verletzen und Wunden schlagen, die ein Leben lang nicht heilen.

Das führt uns zu einer sehr praktischen Frage. Ich kenne viele junge Paare, die sagen: Wir möchten gern durch die Tür der Liebe eintreten, aber woher sollen wir wissen, ob unsere Liebe tief genug ist für ein lebenslanges ‹Anhangen›, für unbedingte Treue? Wie können wir sicher sein, daß unsere Liebe reif genug ist, um einander das Trauversprechen zu geben, beisammenzubleiben, bis daß der Tod uns scheidet? Wenn man die Liebe nicht durch Sex testen kann – wodurch dann?»

Hier zählte ich einige Testfragen [3] auf, mit denen wir unsere Liebe auf ihre Echtheit prüfen können. Zum Schluß sagte ich:

---

3 Es handelt sich um folgende:

1. *Der Austauschtest:* Sind wir fähig, einander Anteil zu geben an unserem Leben: Schönes und Enttäuschendes, Pläne und Rückschläge miteinander zu teilen? Oder denke ich von mir her und auf mich hin, möchte *ich* verstanden werden? Kurzum: Möchte ich glücklich werden oder glücklich machen?

2. *Der Energietest:* Gibt uns unsere Liebe neue Energie zu schöpferischem Tun oder macht sie uns träge und unschöpferisch?

3. *Der Respekttest:* Haben wir Achtung voreinander? Bin ich stolz auf meinen Partner? Würde ich ihn bzw. sie als Vater bzw. Mutter meiner Kinder wählen?

«‹Liebe muß gesommert und gewintert haben›, sagt ein altes englisches Sprichwort, und damit meint es nicht nur den Zeitraum von einem Jahr, sondern auch das Durchstehen der äußeren und inneren Stürme und Schlechtwetterperioden, der wechselnden Jahreszeiten des Herzens.

Es ist wichtig, daß man sich nicht nur an Feiertagen und in Sonntagskleidern gesehen hat, sondern auch im Alltag und in Arbeitskleidung, unrasiert und unfrisiert, auch in Situationen, die Nerven kosten oder Traurigkeit verursachen.

Diesen letzten und vielleicht sichersten Test möchte ich den *Zeittest* nennen:

Hat unsere Liebe ‹gesommert und gewintert›? Kennen wir uns lange genug?

Zum Schluß möchte ich noch einmal mit aller Klarheit sagen: Sex ist kein Liebestest.»

Hier wurde ich unterbrochen. Maurice rief Daniel etwas in seiner Muttersprache zu, das offenbar bei vielen Zustimmung fand. Daniel erklärte mir, daß man darum bitte, die Liebestests an die Wandtafel zu schreiben. Ich war einverstanden. Wir verließen beide die Kanzel und gingen hinüber zur Wandtafel. Ich schrieb den englischen Text auf die linke Seite – Daniel die Übersetzung auf die rechte.

Wir brauchten ziemlich lange. Es ist gut, daß Afrikaner nie Eile haben, dachte ich.

Viele machten sich Notizen. Daniel entdeckte später zu seinem Leidwesen, daß manche in Ermangelung von Schreibpapier die Gesangbücher benutzt hatten, um die Liebestests festzuhalten.

Zum Schluß schrieb ich mit großen Buchstaben unter die sechs Tests: *Sex ist kein Liebestest.*

Ich erläuterte: «Sex ist deshalb kein Liebestest, weil diese Probe nichts über die Liebe aussagt und erst recht nichts darüber, ob die Liebe zur Ehe reif ist. Wir wollen uns doch an der sexuellen Vereinigung

---

4. *Der Annahmetest:* Liebe nimmt den andern an wie er ist, mit seinen Sitten und Gewohnheiten, sogar mit seinen Fehlern. Man kann nicht ‹auf Vorschuß› heiraten, in der Hoffnung, daß sich dieses und jenes noch ändern werde. Also: Haben wir noch Traumbilder voneinander oder nehmen wir einander an, wie wir sind?

5. *Der Streittest:* Wer sich trauen läßt, sollte sich schon gründlich gestritten haben. Es geht dabei um die Fähigkeit, sich offen miteinander auseinanderzusetzen und vorbehaltlos miteinander zu versöhnen. Daher: Können wir einander vergeben und nachgeben?

Einige dieser Tests habe ich dem Buch «Love and the Facts of Life» von Evelyn Milles-Douvall entnommen (Association Press, New York).

ungeteilt freuen können! Dazu gehört aber, daß sie mit Liebe und Ehe ein Ganzes bildet. Man kann die *ganze* Freude aber nicht an einem isolierten Teil erfahren (vgl. S. 71 f.).

Ein Gelingen des Geschlechtsakts läßt keinen Rückschluß auf die Liebe zu. Andererseits kann man aus einem Mißlingen nicht schließen, daß die Partner einander nicht lieben oder nie werden lieben können.

Ja, man kann noch einen Schritt weitergehen: Was beim Sextest getestet werden soll, wird gerade durch diesen Test zerstört. Hierzu ein Vergleich: Wer sich beim Einschlafen beobachten will, schläft nicht ein. Schläft er aber ein, dann hat er sich nicht beobachtet.

So verhält es sich auch mit dem Geschlechtsakt als Liebestest. Entweder benutzt man ihn als Test, dann liebt man nicht. Oder man liebt, dann benutzt man ihn nicht als Test. Die Liebe fordert um ihrer selbst willen, daß Liebende dem sexuellen Geschehen den Charakter des Tests nehmen und mit dem leiblichen Ausdruck so lange warten, bis er einbezogen werden kann in die Dynamik der Ehe.

Hier muß vor allem das Mädchen dem Jungen helfen, seinem ungestümen, geradlinig auf das Ziel der sexuellen Vereinigung zustrebenden Verlangen die Chance des Reifens zur Liebe zu geben. Der Junge ahnt dies insgeheim und hofft deshalb, eingestanden oder uneingestanden, auf den Widerstand des Mädchens – nicht obwohl, sondern gerade weil er es liebt.

Das Mädchen wird deshalb die große Kunst lernen müssen, nein zu sagen, ohne zu verletzen, abzulehnen, ohne zurückzustoßen. Es wird dabei die Erfahrung machen, daß ein entschiedenes und bestimmtes Nein wirksamer ist als lange Erklärungen oder gar Entschuldigungen. Ein ehrliches Kompliment kann mehr bedeuten als eine Umarmung.

Das Erlernen dieser Kunst hängt davon ab, ob es dem Mädchen gelingt, zwei Dinge miteinander zu vereinen: Liebenswürdigkeit und Zurückhaltung.

Eines ohne das andere ist zu wenig. Oft meinen fromme Mädchen, dem Willen Gottes ganz besonders zu entsprechen, indem sie alles Liebenswürdige an sich unterdrücken und sich so unattraktiv wie möglich geben, kleiden und frisieren. Das andere Extrem besteht darin, daß Attraktivität ausgespielt wird, die nicht mit Zurückhaltung gepaart ist, und so den jungen Mann zum Abenteuer verleitet.

Gerade die Verbindung von Attraktivität und Zurückhaltung macht den Liebreiz aus, durch den das Mädchen für den wirklich Liebenden um so liebenswerter wird, so daß er schließlich gern bereit ist, die große Leistung des Wartens zu vollbringen.

Dabei wird die Fähigkeit des Mädchens, sich zu schämen, für den jungen Mann eine große Hilfe sein. Ich möchte den Mädchen Mut machen, ihr natürliches Schamgefühl nicht als etwas Altmodisches, Unmodernes, ja Krankhaftes anzusehen, sondern es als eine Gabe anzunehmen und in den Dienst der Liebe zu stellen. Niemand, auch der junge Mann nicht, braucht es demütigend zu finden, wenn er sich schämt.»

Es war jetzt völlig still in der Kirche. Ich stand mit Daniel immer noch vor der ersten Bank. Es sprach sich leichter von hier aus als von der Kanzel. Ich war den Leuten näher und gewann leichter Kontakt.

«Wir wollen uns nun ein Paar vorstellen, das nicht von der Seite des Sex, sondern von der Seite der Liebe her in die gegenseitige Bindung eingetreten ist. Seine Situation ist eine völlig andere, und wir müssen beide Situationen sorgfältig unterscheiden.

Unser Paar ist seiner Liebe gewiß. Sie kennen sich schon jahrelang und hatten genug Zeit, ihre Liebe zu prüfen. Sie haben keine egoistischen Motive, sondern haben schon eine Art ‹Wirgefühl› entwickelt und planen alles gemeinsam. Ihre Liebe gibt ihnen Kraft und Mut. Ihre gegenseitige Achtung hat sich ständig vertieft. Sie nehmen sich an, wie sie wirklich sind, haben auch oft genug gestritten und Krisenzeiten durchlebt. Sie wissen, daß sie einander vergeben können.

So sind sie an einem Punkt angekommen, an dem sie sich das Versprechen fürs Leben geben können. Sie verloben sich also.

Aber nun stehen sie vor einer wichtigen Entscheidung: Sollen sie zuerst heiraten und dann zusammen schlafen oder zuerst zusammen schlafen und dann heiraten?»

Ich hielt inne, schaute die Jugendlichen an und fragte: «Was meint ihr?»

Es war, als hätte ich den Korken aus einer Flasche gezogen. Fast schlagartig begannen alle auf einmal zu reden. Es kostete Daniel einige Mühe, die Ruhe wiederherzustellen. Schließlich konnte ich fortfahren:

«Für unsere Verlobten wäre Sex kein Liebestest mehr, sondern ein Ausdruck der zur Ehe entschlossenen Liebe. Sie fragen sich verständlicherweise: Warum sollen wir denn nicht unsere Liebe auch körperlich ausdrücken? Müssen wir uns wirklich erst auf dem Standesamt den Erlaubnisschein dafür holen? Liegt es tatsächlich an dem Stückchen Papier? Entsteht denn die Ehe durch den Trauschein?

Natürlich nicht. Diese Frage ist genauso zu verneinen wie die törichte Frage, ob denn ein Menschenleben durch eine Geburtsurkunde entsteht. Dennoch ist die Urkunde mehr als ein Stück Papier. Sie schützt das menschliche Leben rechtlich.

Dasselbe gilt vom Trauschein. Er schützt die Ehe rechtlich. Wer versucht, eine Ehe ohne Trauschein zu leben, wird immer wieder neu vor juristisch unklare Situationen gestellt. Die Eindeutigkeit der juristischen Situation aber ist wesentlich für die Entfaltung des Kräftespiels im Ehe-‹Dreieck›.

Verlobte, die die Ehe vor der Hochzeit beginnen wollen, übersehen meist eine wichtige Tatsache: die Unberechenbarkeit menschlichen Lebens.

Können sie absolut sicher sein, daß sie einmal heiraten werden? Wenn nun einer vorher stirbt? Verkehrsunfall? Grippe? Herzinfarkt? Ist der überlebende Teil dann ‹verwitwet› oder nicht? Ist er erbberechtigt? Und, falls das Mädchen schon schwanger ist, welchen Familiennamen wird das Kind tragen?

An diesen Fragen wird deutlich, daß ein Trauschein mehr ist als ein Stück Papier. Volle Verantwortung für den anderen erfordert Legalität.

Also andersherum? Alle Zärtlichkeiten unterdrücken? Zuerst brav zum Standesamt ziehen und dann von heute auf morgen die große Offenbarung erwarten? Nein. Das wäre wirklich ein linkisches Verhalten und der Dynamik ebenso abträglich wie das bedenkenlose Sichhinwegsetzen über die rechtliche Wirklichkeit.

Die Antwort heißt: Weder rechts herum noch links herum. Das Geheimnis der Liebenden besteht darin, daß sie in beiden Richtungen gleichzeitig wachsen und voranschreiten, ohne Etappen zu überspringen.

Jede Vertiefung der *Intimität und Zärtlichkeit* muß Hand in Hand gehen mit einem Schritt in Richtung *Verantwortung und Treue*, bis schließlich vom Ausgangspunkt der Liebe aus die beiden Ziele ‹Trauung› und ‹sexuelle Gemeinschaft› *gleichzeitig* erreicht werden.

Wie weit darf man nun gehen, ohne zu weit zu gehen? Nur von diesem doppelten Ziel her kann diese Frage beantwortet werden. Jede Zärtlichkeit, die nicht einem bestimmten Maß an Treue und Verantwortung entspricht, sondern ihm vorauseilt, ist ein Vorgriff, der das Kräftespiel gefährden kann. Das Maß der Liebe und Verantwortung entscheidet über den Wert und Sinn einer Zärtlichkeit.»

Hier unterbrach ich mich und bat Daniel, kurz zu berichten, wie die Jugend in seiner Stadt sich in dieser Beziehung verhält.

Er entledigte sich dieser Aufgabe mit viel Geschick und Humor und beschrieb, mitunter von Lachen unterbrochen, wie das Mädchen oft eine ganz unernst gemeinte Liebeserklärung des Jungen sofort mit einem verhältnismäßig großen Maß an Intimität belohnt und wie sich dieses Spiel dann wiederholt, bis schließlich beide sexuelle Beziehungen aufnehmen, noch ehe sie in der Lage sind, dafür die volle Verantwortung zu tragen.

«Das ist auch die Situation vieler verlobter Paare in Europa», knüpfte ich an. «Die Annehmlichkeiten des modernen Lebens und eine abwechslungsreichere Berufsarbeit verlangen nun einmal von vielen eine längere Ausbildung und damit oft längeres Warten. Viele sehen das nicht ein und verlangen alles gleich auf einmal. Sie gehen zu schnell zu weit, spüren dadurch, wie ihre Zärtlichkeiten unehrlich werden, und beginnen deshalb an ihrer Liebe zu zweifeln. Eine Leere greift um sich. Um sie zu füllen, verstärken sie ihre Intimitäten. Doch je mehr sie das tun, um so unsicherer werden sie.

Andererseits wagen sie nicht, sich zu entloben, weil sie eben schon zu weit gegangen sind. So heiraten sie wider besseres Wissen und Fühlen und tragen die Leere in ihre Ehe hinein. Diese Leere kann zu vielen späteren Schwierigkeiten führen.

Es ist bezeichnend, daß die Bibel den Ausdruck ‹zu-einem-Fleisch-werden› nur im Zusammenhang mit der Ehe gebraucht. Gott weiß, warum er die drei Elemente der Ehe so eng miteinander verbunden hat, daß sie untrennbar werden. Wir dürfen ihm zutrauen, daß er uns dadurch nichts nehmen, sondern etwas schenken will. Wenn der richtige Zeitpunkt da ist, sollen wir frei und voll genießen, was uns vergönnt ist: die sexuelle Erfüllung der Ehe, bessere Bildung und Ausbildung, abwechslungsreichere Arbeit und andere Annehmlichkeiten. Gott will uns helfen, ein Kunstwerk zu schaffen, einen anspruchsvollen Weg zu meistern. Wenn wir dieses Vertrauen zu ihm haben, wird es uns nicht schwerfallen, seinen Willen anzunehmen: ‹Darum wird ein Mann seinen Vater und seine Mutter verlassen und seiner Frau anhangen, und sie werden zu einem Fleisch.›»

VII

Nach meinem Vortrag ging ich sofort von der Kanzel zum Ausgang. In mir brannte eine große Sorge um Fatma. Ich wartete nicht einmal den Schlußchoral ab. Das letzte, was ich hörte, war, daß Daniel etwas in seiner Muttersprache ansagte: wahrscheinlich die Mitteilung, daß morgen, am Samstag, kein Vortrag sei, daß ich aber am Sonntag im Gottesdienst predigen würde. Ich hörte auch, wie er den Namen meiner Frau erwähnte. Vermutlich sprach er die Hoffnung aus, daß sie dann unter uns sein werde.

Ich brauchte einige Minuten, ehe ich mir den Weg durch die Menschen gebahnt und den Platz vor der Kirche erreicht hatte. Fatma war nicht zu sehen. Ich hatte mir einzureden versucht, daß ihr vielleicht unwohl geworden sei in der verbrauchten Luft der überfüllten Kirche. Jetzt aber war mir klar, daß sie aus einem anderen Grund die Kirche verlassen hatte.

Einige Studenten waren mir gefolgt und umringten mich. Einer fragte:

«Gilt das, was Sie vom Ein-Fleisch-Werden gesagt haben, auch von der Vergewaltigung, zum Beispiel im Krieg? Ist eine Vergewaltigte mit ihrem Vergewaltiger auch ein Paar geworden?»

Ich war verblüfft und zögerte mit der Antwort.

«Ich möchte nicht einfach nein sagen. Irgendwie ist da doch ein Unterschied. Ehrlich gesagt, kann ich Ihnen im Augenblick nicht antworten. – Aber gestatten Sie mir eine Frage: Haben Sie vorhin eine junge Dame vor Ende des Vortrags weggehen sehen?»

Es wurde mir bestätigt, und meine Unruhe wuchs.

«Hat sie jemand abgeholt? War sie in Begleitung?»

«Nein, sie ging allein weg.»

«Weiß jemand von Ihnen, wo sie wohnt?»

Alle schüttelten den Kopf. Es erschien mir hoffnungslos, sie in der riesigen Stadt suchen zu wollen. So war ich froh, daß Maurice jetzt nachkam und mich in sein Auto einsteigen ließ. Für eine Diskussion war ich zu müde und auch innerlich zu beschwert.

Maurice schlug einen anderen Weg ein als gewöhnlich.

«Wohin fahren Sie?» fragte ich.

«Ich bringe zuerst meine Mutter nach Hause. Dann möchte ich Sie einladen, in unserem vornehmsten Restaurant mit mir zu Abend zu essen.»

«Möchte Ihre Mutter nicht mitkommen?»

«O nein, sie würde sich in einem Restaurant nicht wohl fühlen. Sie gehört zu der Generation, die die dreibeinigen Schemel bevorzugt.»

Shilah war müde und sprach nicht. Wir setzten sie zu Hause ab und fuhren in die Innenstadt zurück, wo Maurice vor einem modernen Hochhaus hielt.

Sobald wir uns gesetzt und bestellt hatten, fing Maurice an, Fragen zu stellen:

«Wissen Sie, daß Sie sich heute abend widersprochen haben?»

«Wirklich?»

«Ja. Zuerst haben Sie gesagt, daß der Geschlechtsakt, das Ein-Fleisch-Werden, zwei Menschen zu einem Paar macht und daß der Apostel Paulus sogar an einer Stelle behauptet, die vorübergehende

Vereinigung mit einer Hure schaffe ein Paar. Dann haben Sie gesagt, daß die Bibel den Ausdruck ‹ein Fleisch› nur im Zusammenhang mit der Ehe gebraucht.»

Maurice lächelte triumphierend.

«Sie haben ganz recht», sagte ich. «1. Kor. 6,16 ist in der Tat die einzige Stelle, wo dieser Ausdruck nicht im Zusammenhang mit der Ehe verwendet wird. Aber ich glaube, gerade dadurch will Paulus darauf hinweisen, daß der Geschlechtsakt außerhalb der Ehe widersinnig ist. Paulus möchte sagen: Es ist einfach absurd, mit einer Prostituierten ein Fleisch werden zu wollen!»

Maurice dachte eine Weile nach, während die Suppe serviert wurde. Dann sagte er:

«Ja, aber sind sie nun ein Fleisch, oder sind sie nicht ein Fleisch? Sehen Sie, zuerst haben Sie gesagt, daß sie durch den Geschlechtsakt ein Fleisch werden, sogar dann, wenn sie ihn gar nicht ernst meinen oder gar nicht die Absicht haben zu heiraten – und dann sagen Sie wieder, daß sie nur innerhalb der Ehe im vollen Sinne ein Fleisch werden können.»

Ich schwieg nachdenklich. Maurice bohrte weiter mit seinen Fragen.

«Wenn man mit einer Prostituierten ein Fleisch werden kann, dann wäre ja jeder, der einmal mit einer Prostituierten schläft, praktisch mit ihr verheiratet.»

«Das habe ich nicht gesagt. Ich habe gesagt: ‹Der Akt macht die beiden zum ‹Paar›, nicht zum ‹Ehepaar›.»

«Und was ist der Unterschied?»

«Etwa der gleiche wie zwischen der Sprache der Tiere und der der Menschen. Paarung ist Natur. Ehe ist Kultur. Zu ihr werden wir nicht einfach getrieben. Wir müssen sie schaffen. Die Ehe ist eine Kulturschöpfung des Menschen, vielleicht die älteste.»

Maurice schüttelte den Kopf: «Ich verstehe es immer noch nicht ganz. Wohin gehört nun das Ein-Fleisch-Werden? Zur Natur oder zur Kultur? Zum Paar oder zum Ehepaar?»

Er sah mich fragend an und ließ mir Zeit zum Überlegen.

«Maurice, auch ich habe hier noch offene Fragen. Aber zwei Dinge scheinen mir klar zu sein:

Erstens: Der Geschlechtsakt ist eine folgenschwere Handlung, selbst wenn er mit einer Prostituierten vollzogen wird.

Zweitens: Das Ein-Fleisch-Werden erschöpft sich nicht im Geschlechtsakt, selbst dann nicht, wenn er in der Ehe vollzogen wird. Man ist noch nicht ein Fleisch mit seiner Frau, wenn man lediglich mit ihr schläft. Zwischen diesen beiden Wahrheiten müssen wir nach dem rechten Weg suchen.»

Maurice seufzte. Zwei Wahrheiten – das konnte er nur schwer verarbeiten. «Dann sind sie also ein eheloses Paar», schlug er vor.

«Sagen Sie es anders herum: Sie sind gepaarte Ehelose. So klingt es noch absurder. Es ist, als ob sie ein Zelt betreten, und dann entdecken sie plötzlich, daß es keine Spitze hat. Sie öffnen die Tür zu einem Haus, schließen sie hinter sich, um dann zu bemerken, daß das Haus weder Wände hat noch ein Dach. Sie gehen hinein und bleiben doch draußen.»

Wir wurden unterbrochen, als der Kellner den nächsten Gang brachte.

Nachdem er gegangen war, sagte Maurice:

«Sie haben mich heute nachmittag im Gewissen getroffen, als Sie mich kritisierten, weil ich jenes Mädchen nicht geheiratet habe. Würden Sie denn ganz allgemein und uneingeschränkt sagen, daß man das Vorleben des Mädchens, das man heiraten will, gar nicht in die Waagschale werfen soll?»

«Nein, sicher nicht. Es kommt auf das Mädchen an. Auf ihren Charakter, auf die Umstände, unter denen es sich hingab. Auf seine Einstellung dazu. Wenn ich mir diese Mädchen hier ansehe – manche sind erst dreizehn oder vierzehn Jahre alt –, dann tun sie mir einfach leid. Niemand hat ihnen irgendwelche Sexualerziehung zuteil werden lassen. Das einzige, was man sie gelehrt hat, ist, daß Mädchen Männern zu gehorchen haben. Und dann kam ein Mann, und sie gehorchten prompt. Man hat sie nicht dazu erzogen, Widerstand zu leisten. Sehen Sie, Maurice, Virginität ist ja nicht nur etwas Körperliches. Für mich ist sie viel mehr eine Frage des Herzens, der Fähigkeit zu Liebe und Hingabe. Virginität ist nicht etwas, was ein Mädchen verliert, sondern was sie verschenkt.»

«Das verstehe ich nicht.»

«Jedes Mädchen hat eine einmalige Gabe – die Gabe, sich ganz an einen Mann hinzugeben. Diese Gabe ist wie ein großes Kapital auf einem Bankkonto. Aber viele Mädchen geben dieses Kapital in kleinen Münzen aus. Jeden Tag heben sie ein wenig davon ab und vergeuden es. Ein paar Küsse hier und da, ein kleiner Flirt dann und wann. Rein körperlich hat so ein Mädchen noch seine volle Virginität, und doch hat sie ihre Fähigkeit zu lieben schon geschmälert. Die zu häufigen und zu frühen Intimitäten haben ihrem Herzen die Virginität geraubt. Auf der anderen Seite mag es ein Mädchen geben, dessen Unerfahrenheit von einem rücksichtslosen Mann ausgenutzt wurde. Rein körperlich hat sie ihre Virginität verloren, und doch hat sie sie ihrem Herzen nach bewahrt.»

Er zögerte. Dann sagte er:

«Ob Sie es nun glauben oder nicht, ich bin noch unerfahren. Ich habe noch nie Verkehr gehabt.»

«Ich danke Ihnen, daß Sie mir das sagen, Maurice. Ich glaube es Ihnen auf der Stelle. Sie sind bei weitem nicht der einzige Afrikaner, der mir das gesagt hat.»

«Verstehen Sie jetzt», fragte er, «warum es für mich besonders schwer ist, ein entjungfertes Mädchen zu heiraten?»

«Nein.»

«Nein?»

«Nein, Maurice.»

«Auch nicht als Christ?»

«Wer sonst sollte es denn tun, wenn nicht ein Christ? Ich weiß nicht, wie sie sonst das Vaterunser beten wollen: ... vergib uns unsere Schuld, wie wir vergeben unseren Schuldigern.»

«Aber Vergebung muß doch auf Gegenseitigkeit beruhen.»

«Das Mädchen hat diesen Fehler gemacht, Sie einen anderen. Was ist der Unterschied? Ich kann mir keinen besseren Leim für das Aneinanderkleben denken als gegenseitige Vergebung. Darin besteht ja gerade die Einzigartigkeit des Lebens mit Gott. Er ist immer bereit, wieder neu mit uns anzufangen. Deshalb können auch wir immer wieder neu miteinander anfangen. Es gibt doch keinen einzigen Tag in der Ehe, an dem man nicht mit seiner Frau in irgendeiner Hinsicht wieder neu anfangen müßte, und die Frau mit ihrem Mann.»

Wir beendeten unsere Mahlzeit schweigend. Aber dieses Schweigen war ein Teil unseres Gesprächs, nicht sein Ende. Auf dem Heimweg ins Hotel fragte ich Maurice, ob er schon einmal daran gedacht habe, eine Witwe zu heiraten. Ich hätte ihn wohl nichts Fernliegenderes fragen können. Hätte er die Hände nicht am Steuerrad gehabt, hätte er sie sicher hochgeworfen. «Wie kommen Sie darauf?»

«Das Schicksal der jungen Witwen in Afrika bewegt mich tief. Niemand kümmert sich um sie. Es gibt keine Rente für sie, keine Sozialversicherung. Nicht alle werden Prostituierte. Viele versuchen, sich ehrlich durchzuschlagen. Ich wünschte ihnen einen Mann wie Sie. In Ihrem Alter könnten Sie ihren Kindern ein guter Vater werden. Ich möchte das Gesicht Ihrer Mutter sehen, wenn Sie ihr auf einen Schlag fünf Enkel heimbringen!»

Maurice mußte tief Atem holen. «Sie machen Spaß», sagte er.

«Nein», sagte ich nachdrücklich. «Ich spaße nicht.»

«Meinen Sie wirklich, daß eine Witwe meines Alters ein besserer Ehepartner für mich wäre als ein junges Mädchen?»

«Wenigstens wäre sie ein Partner und keine Tochter.»

«Und wenn ich dann eigene Kinder mit ihr hätte, würde das nicht schwierig werden?»

«Schon. Aber es wäre sicher weniger schwierig als Kinder ohne Vater zu erziehen, und für die Kinder wäre es sicher weit weniger schwierig als eine Mutter zu haben, die die Tochter ihres Vaters sein könnte.»

«Dann könnte ich ja sogar eine Geschiedene heiraten.»

«Unter Umständen, ja. Entweder glauben wir an Vergebung, oder wir glauben nicht an Vergebung.»

Inzwischen waren wir beim Hotel angekommen. Wie immer begleitete mich Maurice hinein. Ich nahm beim Portier meinen Schlüssel in Empfang.

«Geben Sie mir Zeit», sagte Maurice, «darüber erst einmal gründlich nachzudenken.»

«Ich möchte Sie davor bewahren, eine alte Jungfer zu werden.»

Maurice lachte. Der Portier, der die letzten Worte mitgehört hatte, sah uns verwundert an. «Ein Herr hat mehrmals angerufen», sagte er.

«Hat er seine Telefonnummer hinterlassen, so daß ich zurückrufen kann?» fragte ich.

«No, Sir. Er sagte mir, er wolle wieder anrufen.» In diesem Augenblick kam die Telefonistin aus dem durch eine Glaswand abgetrennten Raum, in dem sich die Vermittlung befand, und teilte uns mit, daß jener Mann gerade wieder anrufe.

«Gut. Stellen Sie das Gespräch bitte durch. Ich nehme es auf meinem Zimmer an.»

Ich verabschiedete mich schnell von Maurice. Als ich auf den Fahrstuhl wartete, kam er noch einmal zurück und gab mir seine Visitenkarte. «Falls Sie mich brauchen, können Sie mich jederzeit anrufen. Morgen habe ich frei.»

Als ich mein Zimmer betrat, klingelte das Telefon bereits. Ich nahm den Hörer im Stehen ab.

«Hier ist John.»

«Schön, daß Sie mich anrufen. Wenn ich Ihre Telefonnummer gehabt hätte, hätte ich mich längst gemeldet. Wo sind Sie? Haben Sie über unser Gespräch gestern abend ein wenig nachgedacht?»

«Sir, ich möchte Ihnen eines sagen», erklärte er mit einer kalten, rauhen Stimme, «der Dreck an meinen Händen ist ehrlicher Dreck. Den bekomme ich durch harte Arbeit. Darauf bin ich stolz. Meine Arbeit ist etwas schwerer, als sich mit Mädchen in Hotels zu treffen. Und wie ich mich anziehe, ist meine Angelegenheit und nicht Ihre.»

«Yes, Sir.»

«Fatma ist ebenfalls einzig und allein meine Angelegenheit. Ich weiß genau, was ich zu tun habe. Daß ich das Land verlassen werde, habe ich Ihnen gestern nur erzählt, um zu sehen, wie Sie reagieren. Ich weiß, was ich will, und ich verbitte mir, daß Sie sich in meine Angelegenheiten einmischen.»

«Yes, Sir.»

«Und wenn Sie Fatma nicht sofort nach Hause schicken, rufe ich die Polizei.»

«Sie ist nicht bei mir.»

«Das glaube ich Ihnen nicht.»

«Sir, ich versichere Ihnen, sie ist nicht hier.»

«Ich glaube Ihnen kein einziges Wort. Sie war nicht im Haus, als ich von der Arbeit heimkam. Sie ist durchs Fenster geklettert. Ich weiß, daß sie in die Kirche gegangen ist.»

«Bitte, John, hören Sie mir zu. Es tut mir wirklich leid, daß ich Sie verletzt habe. Ich möchte mich für meine Bemerkung über Ihre Hände in aller Form bei Ihnen entschuldigen. Aber das Wichtigste ist jetzt, daß wir Fatma finden!»

«Ich weiß genau, daß sie in die Kirche gegangen ist.»

«Ja, sie war in der Kirche. Sie saß in einer der hinteren Bänke, aber sie ist vor Ende meines Vortrags hinausgegangen. Ich weiß nicht, wohin.»

«Jetzt ist es elf. Wenn sie bis Mitternacht nicht daheim ist, verständige ich die Polizei. Sollte ihr etwas zugestoßen sein, so haben Sie allein schuld.»

«Bitte, sagen Sie mir doch . . .» Aber er hatte schon aufgelegt.

Ich ließ mich in den Sessel fallen und versuchte, ruhig zu atmen. Ich hatte einen großen Fehler begangen. Die negative Bemerkung über seine Hände war völlig unnötig gewesen.

Aber wie hatte John davon erfahren? Er war doch gar nicht zu Hause gewesen, als Fatma anrief. Sollte sie ihm tatsächlich davon erzählt haben? Andererseits hatte John eben behauptet, daß er sie den ganzen Tag nicht gesehen habe. Oder hatte er mir etwas vorgemacht?

Und wo war Fatma? Leicht konnte ihr etwas zugestoßen sein. Hätte ich nur die geringste Vorstellung davon gehabt, wo sie wohnte! Aber ich kannte mich überhaupt nicht aus in der Stadt, in der ich mich befand. Ich hatte ja noch nicht einmal Zeit gehabt, einen Spaziergang zu machen. Alles, was ich gesehen hatte, war die Strecke zwischen Hotel und Kirche. Ja – und das Prostituiertenviertel, das mir Maurice am ersten Abend gezeigt hatte. Sollte sie etwa dorthin gegangen sein?

Ich ging zu Bett und versuchte einzuschlafen. Das Gefühl totaler Ohnmacht überwältigte mich wieder.

Ich weiß nicht, wie lange ich geschlafen hatte, als ich plötzlich erwachte. Mir war, als hätte ich eine Stimme in meinem Zimmer gehört, Johns Stimme. Dann fiel mir ein, daß ich von ihm geträumt hatte. Im Traum hatte ich noch einmal seinen Besuch erlebt: Er war gerade aufgestanden, und ich hatte ihn gefragt, ob er es weit nach Hause habe.

«Nein, nur über den Fluß», hatte er gesagt. Ja, das waren die Worte gewesen, die ich gehört hatte. Es war jetzt fast drei Uhr morgens. Plötzlich überfiel mich ein Gedanke.

Ich ging zum Telefon und nahm den Hörer ab. Eine verschlafene Stimme meldete sich. Es war der Nachtportier.

«Yes, Sir?»

«Sagen Sie, gibt es in dieser Stadt einen Fluß?»

«Yes, Sir.»

«Einen breiten Fluß?»

«Ziemlich breit.»

«Wie weit ist es vom Hotel zum Fluß?»

«Ziemlich weit.»

«Wie lange braucht man, um dorthin zu laufen?»

«Ziemlich lange.»

Das konnte alles bedeuten, fünfzehn Minuten oder zwei Stunden. An sich gefällt mir die afrikanische Unbestimmtheit in bezug auf Raum und Zeit. Darin drückt sich auch eine Freiheit aus. Man ist noch nicht Sklave von Uhren und Stundenkilometern. Aber wenn man es eilig hat, kann es einen verrückt machen.

«Ich habe nie einen Fluß gesehen, wenn ich zur Kirche fuhr.»

«Da müssen Sie ja auch nicht über die Brücke.»

«Hören Sie mal, sind Sie vollkommen wach?»

«Yes, Sir.»

«Sagen Sie, wenn jemand sich hier im Hotel befindet und sagt ‹Ich wohne über dem Fluß›, muß er dann über die Brücke?»

«Yes, Sir.»

«Und wenn er von der Kirche aus auf die andere Seite will, muß er dann über dieselbe Brücke?»

«Yes, Sir.»

«Gibt es nur eine einzige Brücke?»

«Es gibt nur eine Brücke, Sir.»

«Gibt es eine Fähre, Fischerboote?»

«Nein, Sir. Das ist zu gefährlich. Niemand würde auf den Gedanken kommen, mit einem Boot den Fluß zu überqueren. Vor allem nicht bei Nacht.»

«Wenn man also auf die andere Seite will, muß man über die Brükke?»

«Yes, Sir.»

«Kann man jetzt ein Taxi bekommen?»

«Das ist schwierig. Ich würde es Ihnen um diese Zeit nicht raten, wenn sie den Fahrer nicht genau kennen.»

«Dann bleiben Sie bitte einen Moment am Apparat. Ich möchte Ihnen eine Nummer durchgeben, die Sie für mich anrufen sollen.»

Ich ging zum Kleiderschrank und holte aus meinem Jackett die Visitenkarte von Maurice. Dann gab ich dem Portier die Nummer durch. Das Rufzeichen ertönte langere Zeit. Endlich meldete sich Maurice.

«Ja?»

«Maurice, Sie haben mir gesagt, ich könne Sie jederzeit anrufen. Ich brauche Sie jetzt.»

«Ich stehe Ihnen zur Verfügung.»

«Wie lange brauchen Sie, um ins Hotel zu kommen?»

«Fünfzehn Minuten.»

«Versuchen Sie, ob Sie es in zehn schaffen!»

Ich zog mich an, ging hinunter und wartete vor dem Hotel auf Maurice. Die Straßen waren jetzt völlig menschenleer. Es war auch kaum ein Auto zu sehen. Endlich tauchten die Scheinwerfer von Maurice's Wagen auf. Er hielt, und ich stieg ein.

«Wissen Sie, wo die Brücke ist?» Er lachte.

«Bitte, fahren Sie mich zur Brücke, aber ehe Sie zur Brücke hinauffahren, bleiben Sie an der Seite stehen.»

Wir fuhren schweigend. Ich war dankbar, daß Maurice keine Fragen stellte. Dann sah ich die Brücke. Es war eine lange, schmale Brücke mit einer Steinbalustrade auf jeder Seite. Rechts war ein schmaler Fußgängersteig.

Tatsächlich, da war sie. Mitten auf der Brücke auf der rechten Seite stand Fatma. Sie beugte sich über die Steinbalustrade und starrte ins Wasser.

«Sehen Sie dieses Mädchen dort?»

«Ja.»

«Ich kann Ihnen jetzt nicht die ganze Geschichte erzählen. Aber ich bin sicher, daß sie verzweifelt ist und Selbstmordgedanken hat. Offensichtlich kann sie sich nicht entschließen. Gibt es eine Polizeiwache hier in der Nähe?»

«Auf der anderen Seite.»

«Gut, fahren Sie jetzt auf die Brücke, aber langsam, so daß Sie leicht anhalten können. Fahren Sie ungefähr fünf Meter an ihr vorbei, so daß sie denkt, Sie fahren weiter. Dann halten Sie an, und ich springe hinaus und versuche, sie zu fassen, ehe sie springt.»

«Und wenn sie springt?»

«Dann fahren Sie, so schnell Sie können, zur Polizei und geben Alarm. Aber wenn irgend möglich, möchte ich das vermeiden.»

«Okay.»

«Wenn Sie sehen, daß ich mit ihr spreche, dann wenden Sie und parken ein Stück weit weg, so daß Sie uns nicht hören, aber sehen können.»

«Warum denn?»

«Es könnte einen Prozeß geben. Ich brauche einen Zeugen. Und nun los!»

«So blindlings? Wollen wir nicht vorher beten?»

«Bitte.»

Maurice sprach ein kurzes Gebet. Ich sah auf seine braunen Hände und wußte, daß er mir in diesem Augenblick unendlich viel bedeutete.

Dann schaltete er den ersten Gang ein und gab Gas. Ich öffnete die Tür ein wenig und hielt den Griff in der Hand. Fatma rührte sich nicht, als wir uns ihr näherten. Sie stützte sich auf ihre Ellbogen und kehrte uns den Rücken zu, die Augen auf das Wasser gerichtet.

Maurice fuhr langsam vorbei und hielt dann kurz. Ich öffnete die Tür, sprang hinaus und rannte auf Fatma zu. Erschrocken fuhr sie herum. Doch ehe sie noch irgend etwas tun konnte, war ich bei ihr und hatte sie am Arm gepackt.

«Fatma . . . Was machen Sie denn hier?»

Sie sah mich eine Sekunde lang an, dann entwand sie sich meinem Griff, drehte sich um und begann wieder ins Wasser zu starren. Sie sprach kein Wort. Maurice fuhr weiter, wendete dann und parkte auf der anderen Seite in etwa fünfzig Meter Entfernung. Er schaltete die Scheinwerfer aus. Sonst war niemand auf der Brücke. Nur wir drei.

Die Stille wurde nur vom Gurgeln des Wassers unter uns unterbrochen. Ich stellte mich links von Fatma, stützte meine Ellbogen, genau wie sie, auf die Steinbrüstung und schaute mit ihr auf das Wasser. Nach einer Weile fragte ich so ruhig und entspannt, wie ich nur irgend konnte:

«Wenn Sie hier hinunterspringen, Fatma, wissen Sie, was dann aus Ihnen wird?»

Sie gab keine Antwort. Ich wartete geduldig. Minuten verstrichen.

«Das ist mir gleich», sagte sie schließlich. «Die Hauptsache ist, daß es dann vorbei ist.»

«Es ist nicht vorbei. Genau an diesem Punkt machen Sie den Fehler.»

«Wenn ich tot bin, ist alles vorbei, oder nicht?»

«Es wird nicht vorbei sein.»

«Aber die Last ist weg.»

«Im Gegenteil. Sie nehmen Ihre Last mit in Ewigkeit und die Last, Selbstmord begangen zu haben, noch dazu. Das löst nichts, gar nichts.»

«Und wenn schon: So weiterleben kann ich auch nicht. Ich kann die Last nicht länger schleppen.»

«Das habe ich auch nicht von Ihnen verlangt. Ich möchte, daß Sie ohne Last weiterleben.»

«Sie wissen nicht, was Sie sagen. Sie kennen ja noch nicht einmal die Hälfte meiner Last. Ich habe Sie angelogen. Ich habe alle angelogen. Es steht viel schlimmer um mich, als Sie denken. Sie wären entsetzt, wenn Sie die ganze Wahrheit über mich erführen.»

«Ich verspreche Ihnen, daß ich nicht entsetzt sein werde.»

Wieder schwieg sie lange Zeit. Ohne sich zu bewegen, sah sie hinunter in das vorbeiströmende Wasser. Dann sagte sie:

«Wenn ich mir nicht selbst das Leben nehme, könnte es sein, daß ich es jemand anderem nehme. Auf jeden Fall verdiene ich den Tod.»

«Der Meinung bin ich auch.»

«Das geben Sie mir zu?»

«Natürlich. Ob ich nun alles von Ihnen weiß oder nicht – auf jeden Fall haben Sie den Tod verdient. Genau wie ich. Alle haben ihn verdient. Der einzige Unterschied besteht darin, daß die einen das wissen und die anderen nicht. Ich bin froh, daß Sie zu denen gehören, die es wissen.»

«Warum lassen Sie mich denn nicht sterben?»

«Weil es schon zu spät dazu ist. Ein anderer ist Ihren Tod bereits gestorben.»

«Es ist zu spät, mein Leben zu ändern, aber noch nicht zu spät zu sterben.»

«Umgekehrt, Fatma: Es ist noch nicht zu spät, Ihr Leben zu ändern, aber viel zu spät zu sterben.»

«Zu spät zu sterben?»

Sie wandte ihren Kopf und sah mich an. «Das verstehe ich nicht.»

«Ich möchte Ihnen eine Geschichte erzählen. Haben Sie schon einmal etwas von Barabbas gehört?»

«Meinen Sie den Mörder, der mit Jesus gefangen war?»

«Ja, genau den. Nach jüdischem Brauch wurde Ostern ein Gefangener freigelassen. Pilatus fragte die Juden, wen er freilassen solle – Jesus oder Barabbas.»

«Ich kenne die Geschichte. Sie wählten Barabbas.»

«Richtig. Und nun war Barabbas frei und ging – so hat einmal einer diesen Bericht weitergedacht – an jenem Freitag durch die Straßen Jerusalems. Er bemerkte, wie die Menschen nach Golgatha strömten, und schloß sich ihnen an. Und wen sah er, als er dort ankam?»

«Jesus am Kreuz.»

«Sie haben Ihre Lektion gut gelernt in Ihrer Dorfschule.»

«Ich habe diese Geschichte oft gehört, aber sie hat mir nie etwas bedeutet.»

«Dann hören Sie gut zu: Barabbas erkannte seinen früheren Mitgefangenen wieder. Da ging ihm plötzlich auf: Wenn Jesus nicht dort hängen würde . . . Können Sie den Satz beenden, Fatma?»

«Dann würde ich dort hängen.»

«Ja, Fatma. Und ich auch.»

Wir schwiegen wieder und sahen dem wirbelnden Wasser zu.

«Erzählen Sie weiter», sagte Fatma nach einer Weile, wieder ohne mich anzusehen.

«Stellen Sie sich vor, Barabbas hätte gedacht: Es ist doch ungerecht, daß Jesus stirbt. Schließlich bin ich ja der Mörder und nicht er. Ich habe den Tod verdient, nicht er. Jetzt kann ich nur noch eines tun, mich selber umbringen. Was würden Sie dazu sagen?»

«Das wäre völlig sinnlos gewesen.»

«Genau so sinnlos wäre es, wenn Sie da hinuntersprängen. Sie kommen zu spät, Fatma. Den Tod, den Sie verdient haben, ist Jesus schon gestorben. Seitdem das geschah, kommt jeder Selbstmord zu spät. Er ist überholt. Er ist unnötig. Sie sind frei. Frei wie Barabbas.»

«Frei?»

Sie wandte sich nun ganz um, lehnte sich mit dem Rücken gegen die Brüstung und sah mir voll ins Gesicht. Die Gleichgültigkeit war gewichen. In ihren Augen las ich Verzweiflung.

«Frei? Ich soll frei sein?» Ein kurzes, bitteres Lachen. «Ich bin eingeschlossen. Die Tür ist hinter mir ins Schloß gefallen. Die Tür ohne Klinke.»

«Haben Sie deshalb so zeitig die Kirche verlassen?»

«Ja, Sie haben mir den letzten Hoffnungsschimmer genommen.»

Ich schloß die Augen.

«Ich bin in das Zelt hineingegangen. Aber als ich darin war, merkte ich, daß es keine Spitze hatte. Es regnete herein. Und doch konnte ich nicht wieder hinaus. Dann überkam mich dieses schreckliche Gefühl des Eingeschlossenseins. Ich wollte hinaus. Irgendwohin. Springen. Irgendwohin.»

Ich stand vor ihr und wagte nicht, sie anzusehen.

«Fatma . . . ich . . .»

«Was macht es denn schon aus, ob ich nun verheiratet bin oder nicht? – Ein Paar, ein Fleisch werden die beiden sein; das kann auch keine Scheidung rückgängig machen, haben Sie gesagt. Ich bin also gepaart, ob ich will oder nicht. Ich komme von ihm nicht los!»

Sie fing an zu schreien. Vor Zorn und Verzweiflung vergaß sie sich selbst.

«Ich bin gebrandmarkt, tief gezeichnet. Nicht nur mit John. Mit mindestens sechs anderen vorher. Meine Tür ist in sechs Schlösser gefallen. Oder vielmehr es gibt sechs Türen in meinem Leben, die niemand aufbrechen kann.»

Sie hielt kurz inne. Ich konnte nichts erwidern.

«Ein-Fleisch-Werden, Ein-Fleisch-Werden, ja, ein Fleisch», fuhr Fatma fort, «aber nicht mit allem, was ich bin und was zu mir gehört, sondern nur mit diesem armseligen, dreckigen, verdammten Leib. Es gibt keinen Ausweg! Ich bin nicht verheiratet, und ich kann mich doch nicht scheiden lassen.»

Das Gesetz tötet, dachte ich. Wenn sie von dieser Brücke gesprungen wäre, wäre ich daran schuld gewesen, nicht John. «Du, der Du mich heute nacht hast aufwachen lassen, gib mir jetzt das rechte Wort. Auf dieser Brücke zwischen Himmel und Erde, zwischen zwei Ufern, zwischen Tod und Leben – gib Du mir jetzt Dein Wort!»

Fatma hatte sich mir zugewandt und lehnte sich gegen die Brüstung. Ich sah sie voll an und sagte langsam:

«Einer aber kann die Tür von außen aufbrechen – ganz gleich, ob es nun eine Tür ist oder ob es sechs sind oder hundert.»

«Auch bei mir?»

«Bei den Menschen ist es unmöglich, nicht aber bei Gott: denn bei Gott ist alles möglich.» (Markus 10,27)

«Und wie könnte er das Unmögliche für mich tun?»

«Ich habe Ihnen ja noch nicht das Ende der Geschichte erzählt. Barabbas wurde also klar: Wenn Jesus nicht dort hinge, würde er dort hängen. Aber Barabbas blieb nicht bei dieser Erkenntnis stehen. Er drehte sich herum, so daß er das Kreuz im Rücken hatte und die Welt vor sich. Dann sagte er: ‹Weil er für mich gestorben ist, will ich wenigstens für ihn leben.›»

Fatma sagte nichts. Ich wartete.

«Jesus hat die Ehebrecherin nicht verurteilt. Er sagt nur zu ihr: ‹Gehe hin und sündige hinfort nicht mehr!› (Joh. 8,11)»

«‹Gehe hin› – wohin?»

«Haben Sie den 27. Psalm gelesen?»

«Ja, und ich habe meinen Vers auch gefunden.»

«Können Sie ihn zitieren?»

«‹Vater und Mutter verlassen mich.› Bei mir ist alles umgekehrt. Nicht ich verlasse Vater und Mutter, wie Sie gesagt haben, sondern Vater und Mutter verlassen mich.»

Ich schlug in meiner Taschenbibel nach, die ich bei mir trug, und sagte: «Der Vers heißt vollständig so: ‹Wenn Vater und Mutter mich verlassen, so nimmt doch der Herr mich auf.›»

«Und wo ist der Herr?»

«Im Augenblick steht er Ihnen in diesem Wort gegenüber. Mir ist er gestern in einem anderen Wort aus dem gleichen Psalm begegnet, das ich Ihnen eigentlich zugedacht hatte:

‹Denn er birgt mich in seiner Hütte
am Tage des Unheils,
beschirmt mich im Schirm seines Zeltes,
hebt hoch mich auf einen Felsen empor.›»

«Nein», erwiderte sie, «Jeremia paßt besser für mich:

‹Mein Zelt ist zerstört,
und alle meine Zeltstricke sind zerrissen;
meine Kinder sind mir entführt,
keines ist mehr da;
niemand schlägt mir hinfort mein Zelt wieder auf,
und breitet meine Decken darüber aus!› (Jer. 10,20)»

«Doch, Fatma. Es gibt einen. Gott selbst birgt Sie.»

«Sie meinen, es gibt auch ein Zelt für mich? Sogar als Alleinstehende, als Ledige, als Unverheiratete?»

«Ja, ein vollständiges, bergendes Zelt, mitten im Unheil.»

Sie drehte sich wieder nach der Brüstung um, aber sie schaute nicht mehr in den Fluß hinunter. Ihre Augen folgten dem Flußlauf bis zum Horizont. Ein zartes Grau säumte den klaren, dunklen, afrikanischen Himmel – das erste Anzeichen eines neuen Tages.

«Ich kann Gottes Zelt nicht mit meinen Sünden betreten. Ich habe ihn vergessen. Aus meinem Leben verbannt.»

«Gott hat Sie nicht vergessen, Fatma. Nur Ihre Sünden vergißt er.»

«Wie können Sie das behaupten, ohne meine Sünden zu kennen?»

«Ich kann das behaupten mit ganzer Gewißheit. Auch ohne sie zu kennen.»

«Und wenn Gott sie vergißt?»

«Dann ist es, als wären sie nie geschehen.»

«Das kann ich nicht glauben. Noch nicht. Geben Sie mir Zeit zum Nachdenken. Helfen Sie mir, mein Zelt zu bauen.»

«Ich bin bereit.»

«Ich kann jetzt unmöglich nach Hause gehen. Ich fürchte . . .»

«Dann schlage ich vor, daß wir zunächst zu Pfarrer Daniel gehen.»

Ich gab Maurice ein Zeichen. Er ließ den Motor an und fuhr zu uns heran. Ich ließ Fatma neben ihm sitzen und nahm auf dem Rücksitz Platz.

Maurice fuhr schweigend dahin und warf nur von Zeit zu Zeit einen scheuen Blick auf den seltsamen Passagier neben ihm.

Als wir zu Pfarrer Daniels Haus kamen, fanden wir einen kleinen Zettel an der Tür, der offensichtlich von Esther geschrieben war, mit folgendem Wortlaut: Bitte, lieber Freund, wenn es irgend möglich ist, kommen Sie zwischen 8 und 9 morgens oder zwischen 5 und 6 nachmittags.

Es war jetzt zwischen fünf und sechs Uhr morgens. Abermals mußte ich einem Rat zuwiderhandeln, den ich Daniel gegeben hatte. Wir klopften lange vergeblich an die Tür. Erst als Maurice an die Fensterläden des Schlafzimmers klopfte, erhielten wir eine Antwort.

«Wer ist da?»

«Einige undisziplinierte Leute, die sich nicht an die Sprechstunden halten können.»

«Du?!»

Daniel öffnete die Tür, nachdem er sich auf afrikanische Art in eine große Decke gewickelt hatte.

«Bist du schon auf?»

«Nachtschicht», sagte Maurice.

Daniel sah von mir auf Fatma und von Fatma auf Maurice. Er konnte sich das Ganze nicht zusammenreimen.

«Kommt herein!»

Ich erklärte ihm kurz die Situation. Er begriff sofort. Dann überlegten wir, wer John anrufen solle. Fatma weigerte sich entschieden. Daniel bot sich an, aber Fatma fürchtete, daß John dann wissen würde, wo sie sich aufhielt. Sie bat Daniel dringend, ihm das nicht zu sagen.

«In diesem Falle bezweifle ich, daß ich der Richtige wäre», sagte ich. «Wenigstens möchte ich nicht mit ihm reden, ehe Fatma sich nicht entschieden hat. Er ist sehr ärgerlich auf mich ... – Fatma, haben Sie ihm jemals etwas über unser Telefongespräch berichtet? Ich meine das Gespräch, in dem Sie mich nach meiner Meinung über ihn fragten.»

«Kein Wort. Ich habe ihn nicht einmal gesehen seit jenem Gespräch.»

«Aber er wußte, daß ich eine Bemerkung über seine schmutzigen Hände gemacht hatte.»

«Er hat unsere Telefongespräche auf Tonband aufgenommen.»

«Alle?»

«Ja. Ich habe erst gestern nachmittag entdeckt, daß er das Telefon an das Tonbandgerät angeschlossen hatte. Ich habe es nie an dieser Stelle gesehen. Ich hatte Angst, er würde mich verprügeln, wenn ich heimkomme. Ich entkam durch ein Fenster und ging in die Kirche, ehe er von der Arbeit heimkehrte. Aber als ich Sie dann von der Tür sprechen hörte, die innen keine Klinke hat, fühlte ich mich noch mehr eingeschlossen als zu Hause und verlor jede Hoffnung. Nun konnte ich weder zu John noch zu meinen Eltern noch zu Ihnen gehen.»

Maurice erklärte sich bereit, John anzurufen, aber es meldete sich niemand.

Esther kam mit ihrem Baby auf dem Arm aus dem Schlafzimmer. Sie setzte sich zu uns und gab ihm ohne Umschweife die Brust. Das erleichterte mich sehr, denn es bedeutete, daß ich als einer der Ihren angesehen wurde. Ich machte Fatma mit Esther bekannt. «Hier haben Sie ein sehr müdes Mädchen. Sie hat eine schwere Entscheidung vor sich. Dazu braucht sie viel Stille. Aber zu allererst muß sie etwas essen und schlafen.»

«Sie kann unser Gastzimmer haben», sagte Esther.

«Wenn sie ausgeruht hat, sollten Sie ein Gespräch mit ihr haben, Esther», sagte ich.

Sie erklärte sich einverstanden.

«Wann kommt Ihre Frau eigentlich an?» fragte sie mich.

«Um vier Uhr nachmittags, wenn das Flugzeug pünktlich ist. Es ist dasselbe Flugzeug, mit dem ich ankam.»

«Gut», sagte Daniel. «Dann werden wir dich gegen halb vier im Hotel abholen. Wenn es dir recht ist, können wir dann miteinander alle vier im Flughafenrestaurant zu Abend essen.»

Ich nahm diesen Vorschlag an und verabschiedete mich mit Maurice. Er sagte zunächst gar nichts, während wir ins Hotel zurückfuhren. Dann fragte er:

«Ist es Ihnen schon einmal passiert, daß Ihre Telefongespräche auf Band aufgenommen wurden?»

«Nein, Maurice, ich habe tatsächlich nicht an diese Möglichkeit gedacht, vor allem nicht in Afrika. Bei dieser Arbeit lernt man nie aus.»

«Vielleicht brauchte John diese Kritik an seinem Äußeren. Sicher hat sie ihm nichts geschadet.»

«Maurice, wenn ich nicht glaubte, daß Gott sogar unsere Fehler benutzen kann, würde ich diese Arbeit sofort aufgeben. Das gilt auch für meinen Satz über die Tür, die innen keine Klinke hat. Der Satz ist richtig – und doch war er in diesem Augenblick für Fatma falsch.»

«Gott hat ihn aber trotzdem für Fatma gebraucht», antwortete Maurice.

Dann schwieg er wieder lange. Er schien mit irgend etwas beschäftigt zu sein.

Im Hotel setzte er mich nicht einfach ab, sondern bestand wieder darauf, mich hineinzubegleiten.

In der Vorhalle wartete ein Mann auf uns. Es war John.

Er sah übernächtig aus, aber er trug einen Anzug.

Wir begrüßten uns, und ich berichtete ihm kurz, was geschehen war. Ich sah, daß es ihn nicht unberührt ließ. Eine Weile ließ ich ihn nachdenken. Dann sagte er:

«Eines möchte ich Ihnen ganz klar sagen, Sir: Fatma ist frei. Sie kann machen, was sie will. Sie kann bei mir bleiben oder mich verlassen. Ich werde ihr nichts in den Weg legen.»

«Ich danke Ihnen, John. Das ist gut, daß Sie so denken.»

Ich versprach ihm, daß er wieder von Fatma hören werde. Er verabschiedete sich kühl, aber wir gingen wenigstens in Frieden auseinander. Ich sah ihm nach. Was mochte hinter seinem Schicksal stehen? Vielleicht hatte er in Europa Schiffbruch erlitten. Vielleicht einen Zwist mit seinem Chef oder eine Entlobung? Vielleicht ein uneheliches Kind oder eine Scheidung? Oder vielleicht war er gar nicht einmal geschieden und hatte gemeint, daß die Entfernung das Problem lösen werde. So hatte er sich so weit weg wie nur möglich eine Arbeit gesucht . . .

Alle, die nach Afrika gehen, weil sie vor etwas fliehen, werden früher oder später scheitern, dachte ich. Die Entfernung löst kein Problem, selbst wenn das Fluchtmotiv als Missionseifer getarnt wird.

Ich verabschiedete mich von Maurice und dankte ihm für seine Hilfe. Er tauchte aus seinen tiefen Gedanken auf und sagte:

«Gute Nacht – und guten Appetit beim Frühstück.»

Als ich meinen Schlüssel holte, kam die Telefonistin gerade zur Arbeit. Ich bat sie, bis mittag keine Telefongespräche durchzustellen und auch keine Besucher anzumelden. Ich mußte jetzt erst einmal schlafen. Sie notierte es sich. Dann fügte ich hinzu:

«Aber seien Sie bitte höflich. Für die meisten ist es ein schwerer Entschluß, mich anzurufen.»

Sie versprach mir, ihr Bestes zu tun.

Ich ging auf mein Zimmer und schlief auf der Stelle ein.

VIII

Es war genau zwölf Uhr mittags, als das Telefon mich aufweckte.

«Es tut mir leid, daß ich Sie wecken muß, Sir, aber es ist ein Anruf für Sie da.»

«Schon recht. Sind viele Anrufe gekommen?»

«Ja, eine ganze Menge. Außerdem wartet hier seit zehn Uhr ein junges Paar im Empfang. Sie wollen unbedingt mit Ihnen sprechen.»

Das waren sicher Miriam und Timothy.

«Sagen Sie ihnen, bitte, sie sollen sich noch eine Weile gedulden. Ich will schnell etwas essen, dann werde ich sie rufen lassen. Und jetzt geben Sie mir bitte den Anruf.»

Es war Esther. Sie berichtete, daß Fatma geschlafen und daß sie dann lange mit ihr gesprochen habe. Fatma habe sich noch nicht entschieden. Sie sei innerlich hin- und hergerissen.

«Ich habe ihr angeboten, vorläufig bei uns zu wohnen.»

«Das ist schön, Esther, vielen Dank. Das erinnert mich an andere Selbstmordfälle. Wenn sie nur einen Tag länger gewartet hätten, hätte sich eine Lösung gefunden. Natürlich ist das Wohnen bei euch keine endgültige Lösung. Es hilft ihr nicht in ihrer tiefsten Not. Nur eines kann ich einfach nicht verstehen, Esther. Ich habe so viel über die Großfamilie in Afrika gelesen. Aber wenn es zu einer Notlage kommt wie hier, scheint keine Menschenseele da zu sein, um zu helfen.»

«Auf dem Lande funktioniert die Großfamilie noch, aber nicht in der Stadt.»

«Fatma sagte doch, sie wolle drei- bis vierhundert Leute zu ihrer Hochzeit einladen. – Das heißt, falls eine Hochzeit stattfinden sollte.»

«Es ist ein Unterschied, ob man Leute zu einer Hochzeit einlädt oder ob man ihre Hilfe braucht.»

«Das mag schon sein, aber Fatma nannte sie ausdrücklich ‹Freunde›, vierhundert Freunde! Sollte da nicht ein einziger wirklicher Freund unter diesen vierhundert sein? Das ist es, was ich einfach nicht verstehen kann.»

«Ich werde versuchen, mit Fatma darüber zu reden. Aber ich kenne diese Stadt nur zu gut. Es ist wirklich nicht leicht. Doch was haben Sie gemeint, als Sie sagten, daß das Wohnen bei uns noch keine Hilfe ist für Fatmas eigentliche Not? Was ist denn, Ihrer Ansicht nach, Fatmas tiefste Not? Meinen Sie, es ist der Wunsch, verheiratet zu sein?»

«Nein, nicht unbedingt.»

«Ist es das Verlangen nach sexueller Befriedigung? Ist sie in dieser Hinsicht so verhungert, daß sie nicht ohne einen Mann leben kann?»

«Das glaube ich auch nicht. Was das anbetrifft, ist sie eher enttäuscht, vielleicht sogar angeekelt.»

«Was sucht sie dann?»

«Einen Platz.»

«Einen Platz?»

«Ja, einen Platz. Ein Zuhause.»

«Aber ich habe ihr ja einen Platz bei uns zu Hause angeboten.»

Typisch für eine verheiratete Frau, dachte ich. Es ist sehr schwer für Menschen, die geborgen in einer Ehe leben, sich wirklich in die Lage der Ehelosen zu versetzen.

«Ihr Angebot ist sehr lieb gemeint, Esther. Im Augenblick könnte ich Fatma nichts Besseres wünschen. Aber das ist es nicht, was ich meine, wenn ich sage, sie braucht einen ‹Platz›. Auch das schönste Gastzimmer kann kein ‹Platz› werden. Sie braucht einen Ort, der ihr gehört und dem sie zugehört. Sie braucht eine Tür, an der ihr Name steht. Ein Zimmer, in das sie ihre eigenen Möbel stellen kann. Sie braucht einen Ort, an dem sie zu Hause ist und an dem sie ein Zuhause werden kann, ein Zuhause für andere. Ich glaube, ihr ganzes Leben ist nichts anderes als eine ständige Platzsuche. Aber sie ist nie ans Ziel gekommen. Jedesmal, wenn sie sich mit einem Manne einließ, mit ihm zusammenzog, meinte sie, sie sei am Ziel. Aber alles, was sie fand, war höchstens ein Bett, niemals ein Platz. Dieses Entbehren eines Platzes, eines Zuhause ist eines der Hauptmotive für viele Selbstmorde.»

Esther dachte eine Weile nach. Dann sagte sie:

«Mit anderen Worten, wenn Fatma nicht heiraten kann, wird sie niemals glücklich werden.»

Sie hat es immer noch nicht verstanden, dachte ich.

«Durchaus nicht», sagte ich geduldig. «Es gibt Ehen, die weder ein Zuhause sind, noch ein Zuhause werden. Andererseits gibt es ehelose Menschen, die nicht nur ein Zuhause haben, sondern die auch ein Zuhause sind. Wenn man sie besucht, hat man sofort das Gefühl, man kommt in ein Zuhause. Das meine ich mit ‹Platz›.»

«Und Gott? Was hat Gott mit alledem zu tun? Würden Sie nicht sagen, daß Fatmas tiefste Not in der Suche nach Gott besteht? Daß nur er ihr tiefstes Verlangen erfüllen kann?»

«Jawohl, Frau Pfarrer.»

«Aber Sie sagten doch gerade, ihre tiefste Not sei ein Platz.»

«Im Grunde ist das das gleiche. Wer einen Platz findet, findet Gott. Und wer Gott gefunden hat, findet auch immer einen Platz, ganz gleich, wohin es ihn verschlägt und ganz gleich, ob er verheiratet ist oder nicht.»

«Darüber muß ich erst einmal nachdenken.»

«Was macht denn Fatma im Augenblick?» wechselte ich das Thema.

«Sie schreibt. Ich weiß nicht, was. Ich habe sie nicht gefragt.»

«Das ist gut.»

«Was soll ich aber machen, wenn sie zu diesem Mr. John zurückkehren will?»

«Sie lassen sie natürlich gehen.»

«Und wenn sie mich bittet mitzukommen, um ihre Sachen abzuholen?»

«Dann gehen Sie selbstverständlich mit.»

«Aber ich ...»

«Und dabei versuchen Sie, mit John ins Gespräch zu kommen. Auch er braucht Hilfe. In seinem Falle ist für mich der Zugang versperrt. Ich habe an ihm versagt.»

«Aber ich habe bisher nie so etwas getan. Ich habe dazu keine Ausbildung.»

«Wenn Gott Ihnen eine Aufgabe stellt, dann schenkt er Ihnen auch die Begabung dazu. Verlassen Sie sich zunächst einmal getrost ein wenig auf Ihre weibliche Intuition. Auch die beste Ausbildung kann sie nicht ersetzen. Beraten ist vor allem eine Kunst, nicht nur eine Wissenschaft.»

«Das schaffe ich nie.»

«Esther, überlegen Sie einmal, ob Sie das vielleicht sagen, weil Sie als bescheiden gelten wollen. – Also: Nur Mut zum Besuch bei John!»

Ich legte den Hörer schnell auf, ehe sie noch etwas erwidern konnte. Dann bestellte ich ein einfaches Mittagessen aufs Zimmer. Es wurde mir gebracht, als ich gerade mit dem Ankleiden fertig war. Ich aß schnell, denn ich wollte Timothy und Miriam nicht noch länger warten lassen.

Als sie eintraten, spürte ich sofort, daß sich etwas bei ihnen geändert hatte. Sie schienen selbstbewußter, sicherer zu sein. Timothy ergriff das Wort, nachdem sie beide nebeneinander auf dem Sofa Platz genommen hatten. Offensichtlich hatten sie es so ausgemacht.

«Wir haben miteinander geredet», sagte er.

«Wo denn?»

«Im Hause meines Bruders.»

«Es gibt also doch Orte in Afrika, wo man miteinander reden kann.»

«Doch ... freilich», gab Timothy zu.

«Wir sind zu dem Schluß gekommen, daß Miriam gestern unseren Weg nicht ganz richtig beschrieben hat. Sie sagte, wir seien vom Sexuellen ausgegangen. Wir sind aber genausogut auch von der Liebe ausgegangen. Irgendwie haben wir zwischen beidem hin- und hergewechselt. Sehen Sie, wir sind gewissermaßen ein Sonderfall. Ein Fall, der dazwischen liegt. Ein Grenzfall, sozusagen.»

«Das sind wir fast alle. Aber bitte, erklären Sie mir das noch etwas näher.»

«Am Anfang unserer Beziehung war, glaube ich, wirklich Liebe da.

Ein ganz echtes Gefühl. Bald hatten wir jedoch vergessen, woher wir kamen. Wie soll ich das ausdrücken? Die Körper wurden eins, aber die Seele kam nicht ganz mit. Sobald wir das merkten, wollten wir wieder zurück zu unserer anfänglichen Liebe, aber wir konnten sie nicht mehr finden.»

«Ich hatte Angst, nein zu sagen», fügte Miriam hinzu. «Ich dachte immer, Liebe heißt, daß man niemals nein sagen darf.»

«Gut», sagte ich, «das ist die Diagnose. Aber was ist nun die Therapie? Wie kommen wir weiter?»

«Wir haben zwei Fragen», sagte Timothy.

Wieder war es offensichtlich, daß sie das Gespräch sorgfältig miteinander vorbereitet hatten.

«Die erste Frage ist folgende: Meinen Sie, daß auf Grund unseres Altersunterschiedes, unserer unterschiedlichen Bildungsstufen und unserer verschiedenen Charaktere eine Ehe zwischen uns in jedem Falle zum Scheitern verurteilt ist?»

«Das will ich nicht behaupten. Nicht in jedem Falle. Eure Ehe könnte, wenn sie gelingen würde, ein Zeichen werden.»

«Wie meinen Sie das?»

«Es wäre jedem ersichtlich, daß eure Ehe keine ‹Garten›-Ehe ist, in der der Mann die Frau beherrscht und sie nur als Brutmaschine respektiert. Miriam wird niemals die Rolle eines Gartens spielen. Entweder wird sie als Partnerin angenommen, oder sie wird auf die Ehe verzichten. Die Menschen, unter denen ihr lebt, werden das merken, ohne daß ihr viel davon redet. Das ist es, was ich meine, wenn ich sage, eure Ehe könnte ein Zeichen sein. Eine solche Ehe würde einen Weg in die Zukunft weisen.»

Ich hielt inne.

«Aber ...», sagte Timothy und schwieg erwartungsvoll.

«Wieso aber?»

«Nun, Sie haben gesagt, daß unsere Ehe nicht in ‹jedem› Falle scheitern müßte und daß sie ein Zeichen werden ‹könnte›, falls sie gelingen ‹würde›. Folglich muß irgendwo ein ‹Aber› sein.»

Ich mußte lachen. «Freilich, wenn Miriam nicht genug Taktgefühl besitzt und ihre höhere Schulbildung bei jeder Gelegenheit ausspielt, und wenn Sie nicht genug Selbstverleugnung haben, es zuzulassen, daß Miriam Ihnen auch einmal voraus ist, dann ist Ihre Ehe gefährdet. Das kann dann der Strohhalm sein, der dem Kamel den Rücken bricht. Das Gelingen Ihrer Ehe wird also auf jeden Fall einer besonderen Anstrengung bedürfen. Es ist schon etwas Außergewöhnliches, wenn ein Afrikaner ein Mädchen heiratet, das älter, gebildeter und sogar etwas größer ist als er.»

«Meinen Sie, daß wir es schaffen könnten?» fragte Timothy besorgt, während Miriam leise seine Hand berührte. «An uns ist wirklich nichts Außergewöhnliches.»

«An Ihnen nicht, aber Gott kann mit Ihnen das Außergewöhnliche vollbringen.»

«Sie meinen, daß wir es als Christen wagen dürfen.»

Miriam hatte begriffen. Sie schwiegen.

«Das führt zu unserer nächsten Frage.» Wieder war es Timothy, der das Gespräch aufnahm. «Ist es möglich, noch einmal von vorne anzufangen?»

«Wie meinen Sie das?»

«Noch einmal so anfangen, als wären wir überhaupt noch nicht miteinander verbunden? Langsam durch die Tür der Liebe eintreten und dann von da aus in beiden Richtungen – Zärtlichkeit und Verantwortung – allmählich fortschreiten, ohne Stufen zu überspringen.»

«Er meint», fügte Miriam in ihrer direkten Art hinzu, «könnten wir jetzt noch einmal damit aufhören, uns sexuell zu begegnen, und uns entscheiden, bis zur Ehe zu warten, obwohl es schon geschehen ist?»

«Leicht wird das bestimmt nicht werden, denn wenn Sie einmal damit angefangen haben, ist die Versuchung natürlich um so größer. Andererseits halte ich es nicht für unmöglich. Dazu gehört freilich eine außerordentliche Kraft. Ich habe es aber schon bei anderen Paaren erlebt.»

«Und was war deren Erfahrung?»

«Meist eine Vertiefung ihrer Liebe. Sobald es klar war, daß nicht jede Begegnung im körperlichen Bereich endete, waren sie fähig, sich auf einer viel tieferen Ebene zu finden. Natürlich mußten sie sich gegenseitig helfen.»

«Und wie können wir einander helfen?» wollte Miriam wissen.

«Vermeiden Sie bestimmte Situationen. Geben Sie die einsamen nächtlichen Autofahrten auf, zum Beispiel. Verabreden Sie sich, wenn Sie ausgehen, mit anderen Paaren. Seien Sie vor allem ehrlich, geben Sie nicht vor, daß Sie etwas als schön empfinden, wenn es gar nicht so ist.»

«Wird das nicht zu Spannungen führen?»

«Unvermeidlich. Aber was macht das? Viele sexuelle Probleme in unserer Zeit kommen nur daher, daß die Leute denken, sie müßten um jeden Preis der Spannung ausweichen. Jeden Schmerz, jeden Verzicht, jedes Leid vermeiden. Ich halte Spannung für etwas Positives. Sie gehört zum Reifeprozeß. Eines Tages müssen Sie ja so erwachsen werden, daß Sie fähig sind, Spannungen durchzuhalten. Um das zu lernen und einzuüben, ist die Zeit vor der Ehe wie geschaffen.»

«Gibt es denn auch in der Ehe noch Spannungen?»

«Aber sicher. Es besteht eine Spannung zwischen Sex und Liebe, zwischen Liebe und Heirat und zwischen Heirat und Sex. Es ist wirklich wie bei einem Zelt. Es ist nur dicht, wenn die Zeltbahn zwischen den Pflöcken gespannt ist.»

Timothy und Miriam sagten nichts mehr. Sie verabschiedeten sich höflich und gingen.

Daniel kam pünktlich, um mich zum Flughafen abzuholen. Als wir an der Portiersloge vorübergingen, fiel mir plötzlich ein, daß ich für meine Frau noch kein Zimmer reserviert hatte. Wir fragten den Portier, ob noch ein Doppelzimmer frei sei. Er teilte uns bedauernd mit, daß über das Wochenende alles besetzt sei.

«Wenn Sie nur gestern gefragt hätten, oder wenigstens heute morgen», sagte er.

«Ich schäme mich wirklich, Daniel. Da habe ich nun so gescheite Vorträge gehalten über Austausch und Teilhaben-lassen in der Ehe – und dabei habe ich völlig vergessen, ein Zimmer zu bestellen, das ich mit meiner Frau teilen kann.»

Der Portier bot uns ein Einzelzimmer im selben Stockwerk an, direkt gegenüber meinem Zimmer. Es blieb uns nichts anderes übrig, als dieses Angebot anzunehmen.

«Wird es nicht aussehen, als hätten wir uns gezankt?»

Daniel tröstete mich: «Es hat den Vorteil, daß ihr getrennt Gespräche führen könnt. Wie gut war es zum Beispiel, daß wir ein Gastzimmer hatten, als Esther mit Fatma sprach.»

Esther wartete im Auto auf uns. Ich fragte sie, wer auf die Kinder aufgepaßt habe, während wir telefonierten und sie das Gespräch mit Fatma hatte.

«Mein Mann», sagte sie stolz.

Daniel seufzte absichtlich hörbar.

«Leidest du, mein Lieber?»

«Furchtbar! Wo soll das hinführen, wenn sie so weitermacht», scherzte er. Dann änderte er den Ton seiner Stimme. «Im Ernst, Esther ist wie verwandelt, seit sie mit in der Arbeit steht.»

«Wer paßt denn jetzt auf die Kinder auf?»

«Fatma hat sich angeboten, damit ich Daniel begleiten kann.»

Während wir zum Flughafen fuhren, wollte Daniel wissen, ob ich der Telefonistin im Hotel Seelsorgeunterricht erteilt habe. Auf meinen erstaunten Blick hin erklärte er:

«Ich wollte dich heute morgen gegen neun Uhr erreichen. Da sagte mir die Telefonistin mit einer unbeschreiblich lieblichen Stimme folgendes: ‹Sir, ich weiß, daß Sie Probleme haben, aber geben Sie die Hoffnung nicht auf. Der Arzt schläft noch. Ich darf ihn erst mittags um zwölf Uhr aufwecken. Wenn Sie dann wieder anrufen, wird er Ihnen sicher helfen.›»

Wir mußten alle drei aus vollem Halse lachen.

«Ich habe ihr lediglich gesagt, sie solle höflich sein», sagte ich. «Aber ich habe natürlich nicht daran gedacht, daß du der erste ‹Patient› sein könntest. Ich möchte wissen, wie vielen sie heute morgen dieses Lied gesungen hat. Stell dir vor, das Reisebüro hat angerufen ...»

«Oder John.»

Wir mußten wieder lachen.

In der Zwischenzeit waren wir am Flughafen angekommen und erfuhren, daß das Flugzeug mit meiner Frau eine halbe Stunde Verspätung hatte. Während wir warteten, sprachen wir über meinen Vortrag am Abend zuvor.

«Esther und ich haben gestern abend noch über das nachgedacht, was du über die Zärtlichkeiten vor der Ehe gesagt hast», begann Daniel. Aber wir kennen viele verlobte Paare, auf die deine Beschreibung nicht zutrifft. Ihre Situation ist anders. Sie kennen sich oft schon sehr lange. So sind sie langsam, Schritt um Schritt, in beiden Richtungen vorangekommen. Sowohl hinsichtlich des Ausdrucks ihrer Liebe als auch hinsichtlich ihrer gegenseitigen Verantwortung. Aber auf Grund bestimmter äußerer Umstände können sie doch nicht heiraten. Entweder haben sie noch keine Wohnung, oder sie sind noch in der Ausbildung begriffen. Studenten zum Beispiel.

Diese Paare sagen: ‹Wir können nichts dafür, daß wir unsere Ehe vor der Hochzeit beginnen müssen. Wir wurden durch äußere Umstände dazu gezwungen. Wir wissen, daß es nicht ideal ist, aber es scheint uns doch das kleinere Übel zu sein. Wir nehmen das Risiko bewußt auf uns. Es scheint uns immer noch besser zu sein als unser natürliches Verlangen zu unterdrücken. Es würde uns nur verkrampft und nervös machen, und wir würden uns dann vielleicht sogar verlieren.› Ehrlich gesagt, wenn ich sie so reden höre, muß ich zugeben, daß sie recht haben. Das zu lange Warten kann das dynamische Kräftespiel unter Umständen mehr stören als eine Hingabe vor der Hochzeit.»

«Damit kommst du auf den schwierigsten und meist diskutierten Fall, erwiderte ich. Hier darf man sicher nicht von außen her richten oder gar verurteilen. Es besteht ein weiter Unterschied zwischen solch einem Fall und dem primitiven Partnerwechsel.»

«Aber was sagt man so einem Paar?»

«Zuerst würde ich mit ihnen prüfen, ob die Gründe, nicht zu heiraten, wirklich stichhaltig sind. Manchmal ist das eigentliche Motiv nur ein falscher Stolz. Manche sind zu stolz, einfach und bescheiden anzufangen. Warum aber nicht? Es mag sogar gut sein. Wer ganz unten anfängt, kann nur noch aufwärts steigen.»

«Du würdest sie also ermutigen, in einem kleinen, gemieteten Zimmer anzufangen? Vielleicht nur mit einer Kochplatte als Küche?»

«Jedenfalls ist es kein Grund, die Hochzeit aufzuschieben, wenn man noch keine Fernsehtruhe hat. Meiner Ansicht nach sollte einem verlobten Paar, das sich eine angemessene Zeit in Liebe und Treue bewährt hat, der Weg geebnet werden, so bald wie möglich zu heiraten.»

«Und wenn das nun unmöglich ist?» bestand Daniel.

«Dann muß man sie darauf hinweisen, daß durch die körperliche Hingabe vielleicht ein Problem gelöst wird – das der sexuellen Spannung –, aber daß dafür andere und neue Probleme entstehen.»

Die Landung des Flugzeugs meiner Frau wurde jetzt über Lautsprecher angekündigt. Wir beobachteten, wie es vom Norden her auf die Landebahn einschwenkte, leicht aufsetzte, ausrollte und dann langsam auf das Flughafengebäude zukam.

«Und welche neuen Probleme entstehen dann zum Beispiel für ein solches Paar?» wollte Esther schnell noch wissen. Ich versuchte, es in aller Kürze zusammenzufassen:

«Zunächst einmal müssen sie sich darüber im klaren sein, daß es nun kein Zurück mehr gibt. Ferner sind die äußeren Umstände oft nicht sehr günstig, um sich aufeinander einzuspielen, vor allem, wenn das Paar noch kein eigenes Zuhause hat. Besonders die junge Frau leidet dann meist mehr unter dem Gefühl der Ungeborgenheit als der Mann. Und das mag sie daran hindern, ganz zur Erfüllung zu gelangen. Die Probleme, die daraus erwachsen, sind unter Umständen schwerer zu verarbeiten als das Warten im schmalen Zwischenraum.»

«Und wenn sie nun noch kein Kind wollen?»

«Darauf muß man sie natürlich auch hinweisen. Manchmal haben sie noch nicht einmal daran gedacht, als sie sich zur vollen Gemeinschaft entschlossen. Sie werden bald merken, daß es keine ideale Lösung für dieses Problem gibt. Jede Methode erfordert an irgendeinem Punkt einen Kompromiß. In einer Ehe kann man damit eher fertig werden als in einer nur eheähnlichen Situation. Es ist nämlich gar nicht so einfach, einander beizuwohnen, ohne auch gleichzeitig beieinander zu wohnen.»

Das Flugzeug war inzwischen zum Stehen gekommen. Die Landungstreppe wurde herangerollt. Die Tür öffnete sich, die ersten Passagiere erschienen.

«Ich bin schon mächtig gespannt, wie dein ‹Garten› aussieht», scherzte Daniel.

«Blühend», sagte ich.

Dann sah ich meine Frau, wie sie die Treppe hinunterschritt. Sie trug ein hellbraunes Kostüm und einen grünen Schal um den Hals. Ihre Lieblingsfarben, dachte ich.

Als ich ihr zusah, wie sie den Platz zwischen Flugzeug und Gebäude überquerte, kam ein Gefühl des Stolzes in mir auf. Daniel sagte nichts.

Sie schien völlig frisch zu sein. Jetzt kam sie vom Flugzeug auf uns zu, mit ihrem Wintermantel über einem Arm, ihrer Handtasche und zwei Paketen in der anderen Hand. Ich hoffte heimlich, daß sie an Geschenke für Daniel und seine Familie gedacht hatte.

Nach einer herzlichen Begrüßung gingen wir ins Flughafenrestaurant hinauf, setzten uns alle vier um einen Tisch und bestellten eine Mahlzeit. Während wir warteten, verteilte sie die mitgebrachten Pakete. Tatsächlich hatte sie für jeden ein Geschenk: eine Bluse für Esther, einen Schlips für Daniel, einen großen Kalender mit Farbaufnahmen der österreichischen Alpen für ihr Wohnzimmer, kleine Spielsachen für die Kinder. Diese Überraschungen brachen das Eis schnell. Wir kamen sofort in ein lebhaftes Gespräch, als wären wir alte Freunde, die sich schon jahrelang kennen.

«Sie haben das gleiche Problem wie wir», erklärte ich meiner Frau nach einer Weile. «Niemals ungestörte Zeit für sich, dauernd Unterbrechungen und dann der ständige Konflikt zwischen Ehe und Beruf. Er hat Zeit für alle, aber nicht für seine Frau. Das kommt dir bekannt vor, nicht wahr?»

Meine Frau dachte einen Augenblick nach. Dann sagte sie: «Da gibt es nur eine Lösung. Ihr braucht ein Versteck. Einen Ort, an dem euch niemand finden kann und den niemand kennt. Jede Woche einige Stunden dort zu verbringen – wie wäre das?»

Esthers Gesicht leuchtete auf. «Ich weiß schon, wohin wir gehen könnten», sagte sie.

«Wohin?» wollte Daniel wissen.

«Das sage ich dir, sobald wir allein sind», sagte sie mit einem schalkhaften Lächeln. «Es soll uns ja niemand finden.»

Im Hotel verabschiedeten wir uns von Esther und Daniel. «Bitte, ruf mich an, wenn du heimkommst», bat ich Daniel. «Ich möchte gern wissen, wie es Fatma geht.»

Ich war froh, daß ich an diesem Abend keinen Vortrag zu halten brauchte, da ich noch müde war von der letzten Nacht. Als wir allein im Zimmer waren, ließ meine Frau sich erschöpft auf das Sofa nieder.

«Es war einfach zu viel», sagte sie.

«Was machen denn die Kinder?» Ich wollte ihr mit dieser Frage helfen, sich selbst zu vergessen.

«Es geht ihnen gut. Ich habe die drei Buben vorigen Donnerstag nach den Weihnachtsferien in ihre Internatsschulen zurückgebracht. Hier ist ein Brief von David an dich.»

«War es für die kleine Ruth nicht recht schwer, als du fortfuhrst? Sie ist ja erst acht», fragte ich.

«Das letzte, was sie zu mir sagte, war: ‹Mutter, bitte sei nicht traurig, wenn du mich jetzt längere Zeit nicht mehr siehst. Die Zeit wird schnell vorübergehen.› Sie ist tapferer als ihre Mutter. Am liebsten wäre ich zu Hause geblieben. Noch auf dem Flughafen war ich versucht, wieder zurückzufahren.»

Daniel rief an. Er wollte noch einmal aussprechen, wie sehr Esther und er sich freuten, daß nun auch meine Frau da sei.

«Was macht denn Fatma?» Ich versuchte das Thema zu wechseln.

«Es scheint ihr gut zu gehen. Als wir heimkamen, spielte sie mit unseren Kindern. – Ich habe mich gehütet, ihr einen Rat zu geben.»

«Keine Sorge», sagte ich, «sie weiß auch so, was du denkst.»

«Sie sagt, sie habe einen Brief an dich angefangen. Sie möchte ihn dir morgen nach dem Gottesdienst geben. – Aber nun zur Sache, weshalb ich anrufe. Die Kirche ist schon wieder voll. Die Leute strömen ständig herein. Du mußt unbedingt kommen und heute abend noch einmal sprechen.»

«Hast du denn nicht angekündigt, daß heute abend kein Vortrag ist?»

«Doch. Sie kommen aber trotzdem. Es sind heute abend auch eine Menge Leute da, die gestern nicht anwesend waren. Ich kann sie nicht einfach wieder heimschicken. Du mußt kommen.»

«Ich kann nicht, Daniel. Ich habe noch keinen Strich an meiner Predigt für morgen getan.»

«Gibst du mir Unterricht, wie man ‹nein› sagt?»

«Ich habe eine Idee. Könnte meine Frau mich nicht vertreten?» Sie fuhr in die Höhe und saß plötzlich aufrecht.

Daniel war begeistert: «Das wäre großartig.»

«Ich frage sie mal.»

Sie schüttelte energisch den Kopf.

«Sie ist einverstanden», sagte ich. «Du kannst sie in einer Viertelstunde abholen.»

Halb erschrocken, halb lachend wand sie mir den Hörer aus der Hand; aber ich drückte auf die Telefongabel und unterbrach die Verbindung.

«Du alter Schelm!» protestierte sie. «Warum hast du das nun wieder getan?»

«Damit du aufhörst, dir deinen eigenen Puls zu fühlen.»

«Aber ich bin überhaupt nicht vorbereitet.»

Doch aus dem Ton ihrer Stimme schloß ich, daß sie bereits anfing, sich mit dem Gedanken vertraut zu machen.

«Laß sie doch einfach Fragen stellen», schlug ich vor. – «Du mußt dich jetzt umziehen. Sie werden dich bald abholen.»

«Nun gut», sagte sie nachdenklich. Dann ging sie in ihr Zimmer, um sich fertigzumachen.

Sie wurde pünktlich abgeholt. Ich versuchte, an meiner Predigt zu arbeiten. Mein Text war Epheser 5,21–33: ‹Ihr Männer, liebt eure Frauen, wie auch Christus die Gemeinde geliebt hat›, war der Schlüsselvers. Christus hat seine Gemeinde geliebt, indem er ihr gedient hat, dachte ich. Er kam nicht, um sich dienen zu lassen, sondern um zu dienen. Er hat sich selbst ihr untertan gemacht, sich ihr hingegeben.

Das warf ein neues Licht auf den so mißverständlichen Vers ‹Die Frauen seien ihren Ehemännern untertan!› Es ging mir auf, daß demnach das Untertansein der Frau nur eine Antwort ist auf das Untertansein ihres Mannes. Kein Machtkampf, keine Beherrschung des einen durch den andern, sondern: ‹Ordnet euch einander unter.›

Ja, aber wie! Wer war je in der Lage, dieses empfindliche Gleichgewicht zu halten?

Es fiel mir schwer, mich zu konzentrieren. Ich mußte immer wieder an meine Frau denken – an ihren Brief, an unser Gespräch, an ihre Niedergeschlagenheit.

Jetzt wäre es mir leichter gefallen, eine Ehepredigt zu halten, wenn sie nicht gekommen wäre.

Als meine Frau aus der Kirche zurückkam, hatte ich immer noch nichts von meiner Predigt zu Papier gebracht. Ich hätte genauso gut mitgehen können.

«Wie ging's?» fragte ich sie.

«Wenn man die Umstände bedenkt, gar nicht so schlecht. Daniel stellte mich zunächst als deine Frau vor und als die Mutter von zwei Töchtern und drei Söhnen. Dann forderte er die Hörer auf, Fragen zu stellen. Das taten sie lebhaft. Wir hätten noch stundenlang weitermachen können.»

«Was haben sie denn zum Beispiel gefragt?»

«Einer wollte wissen, warum seine Frau immer auf so verrückte Dinge Appetit hat, wenn sie schwanger ist.»

«Ich fürchte, du hast die Geschichte mit den Äpfeln erzählt, als wir in Kamerun waren und du unsere Kathryn erwartetest.»

«Ja ...»

«Und ich extra zum Flughafen hinausfuhr, um das Flugzeug aus Frankreich abzupassen und zwei Pfund Äpfel zu kaufen. Ich bin nur froh, daß ich nicht dabei war. Wonach haben sie dich denn sonst noch gefragt?»

«Meist nach dem Vorgang der Empfängnis. Zum Glück hatte ich vergrößerte Abbildungen von den weiblichen Organen mit.»

«Willst du sagen, daß du diese Abbildungen aufgehängt hast?»

«Natürlich. Daniel hat sie einfach an der Wandtafel befestigt, direkt vorm Altar, so daß alle sie sehen konnten.»

«Vor meinem ersten Vortrag hat Daniel mich gewarnt, das Wort ‹Sex› auch nur auszusprechen, und jetzt hast du diese Abbildungen vor dem Altar aufgehängt! Ich kann nur sagen: Die haben Fortschritte gemacht.»

«Ich glaube, an diesem Punkt hat die Mission versagt. Sie hätte viel mehr Informationen geben sollen über die biologischen Vorgänge.

Sie meinen nämlich, daß die Milch vergiftet wird, wenn eine stillende Mutter Verkehr hat, und daß dann das Baby stirbt. Darum enthalten sie sich bis zu zwei Jahren. Das erklärt zum Teil die Polygamie von früher und die Prostitution von heute.»

«Ich bin dir so dankbar, daß du diesen Abend für mich bestritten hast. – Nun kommt mir noch ein Gedanke: Könntest du mir morgen beim Predigen helfen?»

«Ich soll auf die Kanzel steigen? Nie im Leben!»

«Du kannst auch unten stehen, wenn du willst, aber es wäre schön, wenn du morgen die Geschichte von Mutter Gerda erzählen würdest. Gewissermaßen als Teil meiner Predigt.»

«Ich will es mir überlegen. – Übrigens habe ich im Flugzeug etwas gelesen, was ich dir gern vorlesen möchte.»

«Aber bitte nicht jetzt! Ich bin immer noch nicht mit meiner Predigt fertig.»

Sie zögerte, aber nur eine Sekunde. Dann sagte sie: «Nun gut. Schade, daß du keine Zeit hast. Ich muß ja auch gehen. In meinem Zimmer wartet ein Mädchen. Sie heißt Miriam. Sie sagt, sie sei verlobt, und war sehr interessiert, als ich die Symptome erklärte, an denen man den Tag der Ovulation feststellen kann. Sie hatte eine Menge Fragen dazu und es machte ihr offenbar Freude zu lernen, aufmerksamer mit ihren Körpervorgängen zu leben. – Wann müssen wir morgen aufstehen?»

«Spätestens um sieben. Der Gottesdienst beginnt um neun, und ich möchte vorher noch mit dir meine Predigt durchgehen. Wir müssen auch noch packen und das ganze Gepäck mitnehmen. Unser Flugzeug fliegt genau um zwölf Uhr mittags. Wir haben also keine Zeit, von der Kirche noch einmal ins Hotel zurückzukommen. Wir müssen nach dem Gottesdienst direkt zum Flughafen fahren.»

Wir verabschiedeten uns für die Nacht.

IX

Am nächsten Morgen stand ich um sechs Uhr auf und packte meine Koffer. Kurz vor sieben ließ ich mich mit dem Zimmer meiner Frau verbinden, um zu sehen, ob sie schon auf sei.

Als ich eintrat, lag sie mit halbgeschlossenen Augen. Ich spürte sofort, daß etwas sie belastete. Auf meine Frage, ob sie gut geschlafen habe, schüttelte sie nur den Kopf, gab aber keine Antwort.

Ich war um so betroffener, als ich am Abend vorher keinerlei Anzeichen einer Verstimmung bei ihr bemerkt hatte. Langsam entwickelte sich nun ein Gespräch, und es stellte sich heraus, daß sie tief verletzt war, weil ich mir keine Zeit genommen hatte zuzuhören, was sie mir hatte vorlesen wollen.

Es half nichts, daß ich mich dafür mit meiner unfertigen Predigt entschuldigte. «Alles andere im Leben ist dir wichtiger als ich!» rief sie aus. «Und ich hatte mich doch so gefreut, endlich einmal eine Weile mit dir allein zu sein!» – Ich erinnerte sie an unseren langen gemeinsamen Weg, an die große Aufgabe, die uns gestellt ist, an das Glück, gemeinsam miteinander arbeiten zu können. Aber sie wehrte das damit ab, daß sie sich lediglich als Partnerin und Mitarbeiterin behandelt fühle, ja sie benutzte sogar das Wort «Ausstellungsstück». Auf meinen Vorwurf der Undankbarkeit erwiderte sie, sie sei nicht undankbar, sie sei nur eine Frau.

Ich ging zum Fenster und entdeckte den Kirchturm. Jetzt wurde sicher geläutet. Bald würde man uns zum Gottesdienst abholen. Unmöglich kann ich jetzt predigen, dachte ich, noch dazu über den Text: «Männer, liebt eure Frauen.» Ich hatte mich so auf ihr Kommen gefreut. Nun schien es fast leichter, sie wäre nicht gekommen.

«Jetzt möchtest du ein katholischer Priester sein», sagte sie.

Ich fuhr herum. «Jawohl», sagte ich, ohne zu versuchen, den Zorn in meiner Stimme zu verbergen. «Das wäre einfacher.»

«Monogamie kann ein aufregendes Abenteuer sein», gab sie zurück. Sie mußte wissen, daß sie mich damit verletzte.

Daraufhin sprachen wir lange Zeit kein Wort. Ich fing an, ratlos im Zimmer auf und ab zu gehen.

«Was hätte ich denn tun sollen?» fragte ich sie schließlich.

«Weißt du, ich war so müde gestern abend nach der langen Reise und der anstrengenden Versammlung. Ich wollte nur, daß du noch einmal herüberkommst und mit deinen Händen die Decke über mich breitest.»

«Weiter nichts?»

Ich atmete erleichtert auf und blieb doch gleichzeitig belastet. Ich sagte ihr, das hätte ich ja liebend gern getan. «Aber das ist es ja gerade, was mich so unsicher macht, daß alles von so einer lächerlichen kleinen Geste abhängen soll: die Ehe und der Dienst.»

«Für mich ist eine solche Geste nicht lächerlich und klein», erwiderte sie. «Sie hat einen tiefen Sinn. Sie hätte mir das Gefühl des Geborgenseins in deiner Liebe gegeben.»

Wir schweigen wieder.

«Unser Zelt ist zusammengebrochen», sagte ich schließlich halblaut vor mich hin.

«Was meinst du damit?» fragte sie überrascht, und ich mußte ihr von Fatma erzählen, die aus dem Dreieck ein Zelt gemacht hatte.

«Ein Zelt», wiederholte sie nachdenklich. «Eine großartige Idee. Das versöhnt mich mit deinem eckigen Dreieck. – Weißt du noch, als wir allein auf einer Campingfahrt waren und unser Zelt nachts bei einem Gewittersturm zusammenbrach?»

Ich erinnerte mich genau. Die Zeltstangen waren gebrochen und wir mußten die Nacht unter der Zeltbahn verbringen, während der Sturm tobte.

«Sogar das zusammengebrochene Zelt barg uns noch. Und jetzt . . .?»

Statt einer unmittelbaren Antwort nahm sie ein kleines Buch in die Hand, das auf ihrem Nachttisch lag. Sie las einen Abschnitt, den sie sich angestrichen hatte:

«Letztlich ist die Zärtlichkeit das feinste Geräusch des Herzens. Leiser als ein Pulsschlag, der im Schlafe gedämpft ist. Denn die Zärtlichkeit kennt keinen Schlaf. Sie ist wach, aufmerksam im Lichte des Mittags und ins schwarze Wasser einer Mitternacht tauchend, unruhig und schön in ihrer Übereinkunft mit unserem Dasein, das wir ihr willig anvertrauen.»[4]

Das war es also, was sie mir hatte mitteilen wollen. Jetzt begann ich zu begreifen.

---

4 Aus: Karl Krolow, «Zärtlichkeit», in: Ferment-Jahrbuch 1969, Pallotiner-Verlag, Gossau/Schweiz.

Indessen war es schon spät geworden. Deshalb beschlossen wir, daß Maurice, der bereits wartete, zunächst mit mir allein zur Kirche vorausfahren sollte. Er würde dann noch einmal zurückkommen, um meine Frau abzuholen. Sie war nun auch bereit, von Mutter Gerda zu erzählen.

Auf der Fahrt zur Christuskirche schwieg Maurice. Er hatte genug Einfühlungsvermögen, um zu spüren, daß ich mich jetzt auf meine Predigt konzentrieren wollte.

Als ich mit Daniel auf der Kanzel stand und über den Samtteppich der schwarzen Köpfe hinwegsah, spürte ich den Unterschied zum ersten Abend. Es ist schwer, ihn in Worte zu fassen. Ich fühlte mich mit der Gemeinde verbunden, als wären wir eine große Familie. Ich war ärmer als je zuvor. Aber ich war der Träger einer Botschaft, die mich selber trug:

«Ihr Männer, liebt eure Frauen, wie auch Christus die Gemeinde geliebt und sich für sie dahingegeben hat, um sie zu heiligen, nachdem er sie durch das Wasserbad im Wort gereinigt hat, um so die Gemeinde für sich selbst in herrlicher Schönheit hinzustellen, ohne Flecken und Runzeln und irgendeinen derartigen Fehler, vielmehr so, daß sie heilig und ohne Tadel sei. Ebenso sind auch die Männer verpflichtet, ihre Frauen wie ihre eigenen Leiber zu lieben. Wer seine Frau liebt, liebt sich selbst: es hat ja doch noch nie ein Mensch sein eigenes Fleisch gehaßt, sondern jeder hegt und pflegt es, ebenso wie Christus es mit der Gemeinde tut; denn wir sind Glieder seines Leibes, Fleisch von seinem Fleisch und Gebein von seinem Gebein. ‹Deshalb wird ein Mann Vater und Mutter verlassen und seiner Frau anhangen, und die beiden werden ein Fleisch sein.› Hier liegt ein großes Geheimnis vor: Ich deute es auf Christus und die Gemeinde.» (Epheser 5,25–32)

Daniel las den gleichen Text in seiner Muttersprache, und dann übersetzte er meine Predigt Satz für Satz, ruhig und mühelos. Es war wieder, als sprächen wir aus einem Mund:

«Während der letzten Tage haben wir uns mit dem ‹Ehedreieck› befaßt: Verlassen, Anhangen, Ein-Fleisch-Werden. In dem Text, den wir eben gehört haben, zeigt uns der Apostel Paulus eine neue Dimension der Ehe. Er sagt: ‹Hier liegt ein großes Geheimnis vor.›

Dieser kleine Satz ist in unserem Text ein merkwürdiges Zwischenglied. Er bezieht sich auf den vorhergehenden Vers und deutet doch gleichzeitig auf den folgenden.

Paulus sagt, wenn ein Mann Vater und Mutter verläßt, wenn ein Mann seiner Frau anhangt, wenn die zwei eins werden, dann ist dies ein großes Geheimnis.

Ich glaube, in den vergangenen Tagen sind wir alle von diesem Geheimnis bewegt worden. Der Bibelvers, den ich euch ausgelegt habe, hat unter uns gewirkt: Er hat Menschenleben aus der Bahn geworfen. Er hat uns gedemütigt. Er hat die Decke weggezogen von verborgener Sünde. Aber er hat auch Leben aufgerichtet: Er hat Ehen neu werden lassen. Er hat kinderlose Paare getröstet. Er hat Ehelosen einen neuen Lebenssinn, er hat uns allen neue Hoffnung gegeben.»

Fatma, Miriam und Esther saßen zusammen auf der Frauenseite. Ich konnte nicht umhin, sie einen Augenblick anzusehen. Auf allen drei Gesichtern lag ein Hauch von Freude. Bei Esther war es neuer Ausblick und tiefere Einsicht, bei Miriam Selbstbewußtsein und Entschlossenheit, bei Fatma das erste Anzeichen des Genesens, des Getröstetseins.

«Der Vers birgt wirklich ein tiefes Geheimnis», fuhr ich fort: «Paulus deutet ihn auf Christus und die Gemeinde.

Er sagt: Ein Mann verläßt Vater und Mutter, ich beziehe das auf Christus. Ein Mann hangt an seiner Frau, ich deute das auf Christus. Zwei werden eins, ich spreche dabei von Christus.

Mit anderen Worten: Das tiefste Geheimnis unseres Dreiecks ist Jesus Christus selber. Wenn ich euch das Dreieck – Verlassen, Anhangen, Ein-Fleisch-Werden – als Leitbild für die Ehe gegeben habe, dann habe ich euch in Wirklichkeit kein anderes Leitbild gegeben als Jesus Christus selber.

Ein Mann verläßt seinen Vater – ich spreche von Christus.

Aus Liebe zu uns hat Christus seinen Vater verlassen – Weihnachten: Er wurde Mensch, ein Kind in der Krippe. Er sah das Gleichsein mit Gott nicht als einen Besitz an, den er mit Gewalt festhielt. Er entäußerte sich selbst, er nahm Knechtsgestalt an. Er erniedrigte sich. Er wurde gehorsam bis zum Tode, ja, bis zum Tode am Kreuz.

Ein Mann verläßt seine Mutter – ich sage das von Christus.

Aus Liebe zu uns hat Christus seine Mutter am Karfreitag verlassen. Als er am Kreuz hing, gab er seiner Mutter einen anderen Sohn. Er sprach zu ihr: ‹Frau, siehe dein Sohn.› Und zu Johannes: ‹Siehe, deine Mutter.›

Ein Mann hangt seiner Frau an – ich beziehe das auf Christus.

Aus Liebe zu uns hangt Christus uns an, seiner Gemeinde, seiner Braut, treu und unzertrennlich.

Die Bibel stellt das Verhältnis zwischen Christus und seiner Gemeinde oft im Bild der Ehe dar. Dies ist keine Ehe ohne Krisen. Die Gemeinde ist oft eine schwierige Ehefrau. Oft ist sie undankbar, ungehorsam, untreu. Aber Christus hat seine Gemeinde nie verstoßen, wenn sie es auch immer und immer wieder verdient hat.

Er ist immer bereit zu vergeben. Er heiligte sie, er reinigte sie. In herrlicher Schönheit stellte er sie hin. Ohne Flecken, ohne Runzeln, ohne Tadel. Niemals ist eine Scheidung möglich zwischen Christus und seiner Gemeinde. Er hat sich selbst für sie dahingegeben. Für diese rebellische, ungehorsame, schwierige Frau gab er sich hin.

‹Ihr Männer, liebt eure Frauen wie auch Christus die Gemeinde.› Aber da Paulus das Einssein von Mann und Frau in der Ehe auch ganz direkt auf Christus bezieht, können wir getrost sagen: ‹Ihr Frauen, liebt eure Männer, wie Christus auch die Gemeinde geliebt hat.› Denn wenn sie wirklich eine Einheit sind, ist alles, was von dem einen gesagt ist, auch für den anderen gültig.

Die beiden werden ein Fleisch – ich deute das auf Christus.

Aus Liebe zu uns wurde er eins mit uns. Wie Haupt und Leib eine Einheit bilden. Alles teilt er mit uns. Was unser ist, wird sein. Unsere Armut wird seine Armut. Unsere Furcht wird seine Furcht. Unser Leid wird sein Leid. Unsere Schuld wird seine Schuld. Unsere Strafe wird seine Strafe. Unser Tod wird sein Tod.

Was sein ist, wird unser. Sein Reichtum wird unser Reichtum. Sein Friede wird unser Friede. Seine Freude wird unsere Freude. Seine Vergebung wird unsere Vergebung. Seine Unschuld wird unsere Unschuld. Sein Leben wird unser Leben.

Und er wird eins mit uns, körperlich eins, in einem fast anstößig konkreten Sinn, im heiligen Abendmahl.

Der Dreiklang – Verlassen, Anhangen, Ein-Fleisch-Werden – bezeugt die Wirklichkeit Jesu Christi.

Ich habe euch Ehevorträge gehalten. Aber im Grunde habe ich nur von Jesus Christus gesprochen. Ich möchte es so ausdrücken, wie es Paulus einmal an die Korinther geschrieben hat: ‹Ich hatte mir vorgenommen, kein anderes Wissen bei euch zu zeigen als das von Jesus Christus, und zwar dem Gekreuzigten.›»

Daniels Stimme gewann an Wärme. Ich spürte, wie er sich selbst in jedes Wort hineingab, das er übersetzte. Es war, als ahnte er im voraus, was ich sagen würde, als ob er mir die Worte aus dem Mund nahm, noch ehe ich sie ausgesprochen hatte.

«Ihr werdet vieles von dem vergessen, was meine Frau und ich über die Ehe gesagt haben», fuhr ich fort, «aber eines dürft ihr nie vergessen: *Für dich* hat Christus seinen Vater verlassen, für dich hat Christus seine Mutter verlassen, an dir will Christus hangen, mit dir will Christus eins werden, weil er dich liebt bis hinein in alle Ewigkeit.»

Es war jetzt völlig still in der Kirche. Ich hielt einen Moment inne. Plötzlich geschah etwas Unerwartetes. Ein Mann in der ersten Reihe stand auf und begann laut zu singen. Ehe ich mich's versah, stimmte die ganze Gemeinde ein und sang aus vollem Herzen.

Ich war verwirrt und sah Daniel fragend an: «Möchten sie, daß ich aufhöre?»

«Nein», flüsterte er mir zu, «ganz im Gegenteil, sie wollen dir eine Atempause gönnen, damit du länger weiterpredigen kannst.»

Ehrlich gesagt, ich hatte noch niemals vor einer so rücksichtsvollen Gemeinde gepredigt. Was mich aber am meisten beeindruckte, war: Diese Freiheit, den Gottesdienst zu unterbrechen, kam aus einer tiefen Ehrfurcht. Der tierische Ernst, den man sonst oft an Kirchgängern beobachtet, hatte einer ganz ursprünglichen Freude Platz gemacht.

«Was singen sie denn?» fragte ich Daniel leise.

«Es ist ein Loblied auf die Liebe Gottes», antwortete er.

Als sie fertig waren, begann ich wieder und dachte dabei besonders an Fatma.

«Jemand von euch hat die Ehe als ein Zelt gesehen. Das hat mir selbst eine neue Einsicht in das Geheimnis der Ehe vermittelt. Solange Menschen leben, ist Christus gleichsam ein solches Zelt unter uns. Daher gilt die Botschaft vom bergenden Zelt nicht nur für Verheiratete. In Christus sind auch die Ehelosen geborgen. Er ist Gottes Zelt. Christus hat auch für sie Vater und Mutter verlassen, will auch an ihnen hangen, auch mit ihnen eins werden.

In Christus haben auch die Ehelosen teil am dynamischen Kräftespiel. Denn oftmals haben auch sie Vater und Mutter verlassen; sie haben auf einen eigenen Hausstand und auf Kinder verzichtet. Ihnen sagt Jesus zu, daß sie jetzt in dieser Zeit hundertfach empfangen, was sie aufgegeben haben: Häuser und Mütter und Kinder (Markus 10,29). Wer diese Zusage Jesu im Glauben wirklich annimmt, wird erfahren, daß sie stimmt. Er wird nicht in ein armseliges und beraubtes Leben gestoßen, sondern erleben, daß Jesus selbst ein volles, reiches, menschliches Leben gibt. Wer dieses Leben nicht ausschlägt, empfängt für sein Leben Zweck und Ziel, Freiheit und Freude. In Christus haben auch Unverheiratete ihren Platz, ihr Zuhause, ihr Zelt.

Seit Jesus Christus in diese Welt kam, ist niemand mehr ohne Zelt. Wörtlich heißt es in der Bibel: ‹Das Wort ward Fleisch und zeltete unter uns› (Johannes 1,14).

In diesem Augenblick ging die Tür auf und meine Frau betrat zusammen mit Maurice die Kirche. Es war unvermeidlich, daß einige sich umwandten, vor allem, weil die beiden nicht sofort einen Platz fanden. Ich benutzte die kleine Unterbrechung und fragte: «Soll ich meine Frau bitten, ein Beispiel zu erzählen für eine Ehe unter Gottes Zelt?»

Natürlich wollten sie das.

Daniel gab Esther einen Wink, daß sie für meine Frau übersetze. Die zwei Frauen standen vorn im Mittelgang, während ich mit Daniel auf der Kanzel blieb. Auf dem Gesicht meiner Frau verriet nichts mehr die schlaflose Nacht.

«Der Pfarrer, der meinen Mann und mich getraut hat, hatte sieben Kinder», begann sie. «Nach dreißig Jahren Ehe erkrankte seine Frau. Sie hatte einen Tumor im Gehirn. Das bedeutete, daß sie nicht mehr klar denken konnte. Sie hatte einen seltsamen Drang, von zu Hause wegzulaufen. Ihr Mann mußte praktisch Tag und Nacht auf sie achten.

«Je mehr die Krankheit fortschritt, um so schwerer fiel ihr das Gehen und Sprechen. Ihr Mann mußte ihr in allen Dingen helfen: beim Essen, beim Waschen und beim Ankleiden. Das dauerte fünfzehn Jahre.»

Ein hörbares Staunen ging durch die Kirche.

«Seine Freunde schlugen ihm oft vor, seine Frau in ein Heim für unheilbar Kranke zu geben. Aber er weigerte sich und sagte: Sie ist meine Frau und die Mutter meiner sieben Kinder. Ich werde sie nie fortgeben.

Kurz vor ihrem Tode besuchte ich sie noch einmal. An diesem Tage ging es ihr ein wenig besser, und sie konnte etwas sprechen. Da hat sie mir folgendes gesagt: Ingrid, wenn du mit deinem Mann über die Ehe sprichst, kannst du persönlich bezeugen, daß mein Mann mich heute immer noch genauso liebt wie als Braut.»

Auf die letzten Worte reagierten die Zuhörer mit nachdenklichem Schweigen. Die beiden Frauen setzten sich still auf die vorderste Bank. Nach einigen Augenblicken fuhr ich mit der Predigt fort.

«Das ist Liebe, die die Liebe Jesu Christi zu seiner Gemeinde widerspiegelt.

Es ist wie ein doppelter Spiegel. Blicken wir auf Christus, so können wir sehen, wie eine Ehe gelebt werden soll. Blicken wir auf eine Ehe, die nach Gottes Willen gelebt wird, dann erscheint in ihr das Bild Christi.

Martin Luther sagt: ‹Die Ehe zwingt uns zum Glauben.›
Amen.»

Ich stieg von der Kanzel und setzte mich neben meine Frau. Daniel schloß den Gottesdienst mit Gebet, Vaterunser und Segen.

Wir hatten noch Zeit, den Gottesdienstbesuchern die Hand zu geben. Dann mußten wir zum Flugplatz. Maurice lud uns ein, mit ihm zu fahren, aber Daniel und Esther bestanden darauf, die letzte Fahrt mit uns gemeinsam zu machen. So stiegen Miriam, Timothy und auch Fatma bei Maurice ein. Zu unserer Überraschung wollte Daniels dreijähriger Sohn, der mit seiner Mutter im Gottesdienst gewesen war, unbedingt mit Fatma fahren. Sie waren Freunde geworden.

Meine Frau und ich hatten bereits auf dem Rücksitz von Daniels Wagen Platz genommen, als Fatma an die Fensterscheibe klopfte und mir einen dicken, geschlossenen Briefumschlag überreichte.

«Bitte, lesen Sie das noch, ehe Sie abreisen», sagte sie. Dann drehte sie sich um. Maurice hielt ihr schon die Tür zu seinem Wagen auf.

Der Briefumschlag war an uns beide adressiert. Darum gab ich meiner Frau den Brief, so daß sie ihn zuerst lesen konnte.

Während sie den Umschlag öffnete, wandte sich Daniel mir zu: «Schade, daß du nicht länger bleiben kannst.»

«Das tut mir auch leid, Daniel», sagte ich. «Wir würden ja gern länger bleiben, aber wir haben ein zehntägiges Eheseminar vor uns, und wegen unserer Kinder konnten wir nicht früher kommen. Wir hätten ja nichts zu sagen über die Familie, wenn wir unsere eigene Familie vernachlässigten.»

«Wir verstehen das vollkommen», sagte Esther. «Dankt euren Kindern, bitte, daß sie euch haben ziehen lassen.»

Dann merkte ich, daß meine Frau unserer Unterhaltung nicht mehr folgte. Ich sah ihrem Gesicht an, daß sie tief bewegt war von dem, was sie las. Schweigend gab sie mir das erste Blatt. Von da an sprachen wir nicht mehr bis zum Flughafen. Fatma hatte ihre Vergangenheit vor Gott ausgebreitet.

Der Brief begann: «In den letzten Tagen habe ich angefangen, mein Leben im Lichte Gottes zu sehen. Alles, was ich getan habe, war verkehrt. Ich habe Gott vergessen. Ich bin meine eigenen Wege gegangen. Das Wichtigste in meinem Leben war nicht Gott, sondern ich selber. Deshalb ist mein ganzes Leben durcheinandergeraten.»

Hierauf folgte eine genaue Beschreibung ihres Lebenslaufes. Es war genauso, wie ich es mir gedacht hatte: Sie war ständig auf der Suche gewesen nach einem ‹Platz›, ohne je ans Ziel zu gelangen. Als ihr Vater den ersten Mann, der um sie warb, ablehnte, verließ sie mit diesem einfach ihr Elternhaus. Ihr Vater versuchte zwar, sie zur Rückkehr zu bewegen, aber sie weigerte sich aus Trotz. Die rechtliche Seite des Verhältnisses zu diesem Mann ließ der Brief ungeklärt. Fatma drückte es so aus: «Ich schloß diese Ehe von mir aus, ohne Gott.»

Als sie einige Monate mit ihm gelebt hatte, entdeckte sie, daß er schon ein Kind von einer anderen Frau hatte. Inzwischen war sie selbst schwanger und wagte nicht, sich von ihm zu trennen. Der nächste Abschnitt war ein Beispiel dafür, wie eine Ehe zur Hölle werden kann. Nichts blieb ihr erspart – Mißtrauen, Streit, Schläge, Untreue. «Ich begann Hasch zu rauchen, zu trinken, zu Medizinmännern und zu Wahrsagerinnen zu gehen.»

Schließlich verließ sie diesen Mann, aber er behielt ihren Sohn. Dann begann die Jagd nach einem ‹Platz›: von Dorf zu Dorf, von Stadt zu Stadt, bis sie hierher kam. Sie war nicht mehr in der Lage, alle Männer aufzuzählen, mit denen sie gelebt hatte, ehe John sie bei sich aufnahm.

Der Brief schloß: «Ich mache diesen Männern keine Vorwürfe. Ich nehme alle Schuld auf mich. In vollem Bewußtsein habe ich Gottes Gebote übertreten. Ich habe meinen Eltern nicht gehorcht und habe sie betrogen. Ich bin eine Ehebrecherin und eine Mörderin. Ich habe mein Kind abgetrieben, habe es getötet und wollte mich selbst töten. Ich weiß, daß ich Gottes Strafe verdient habe.

Aber ich bitte Gott um Vergebung. Aus eigener Kraft kann ich nicht frei werden. Ich möchte neu anfangen. Bitte, helfen Sie mir, mein Zelt zu bauen.»

Wir waren gerade mit dem Lesen von Fatmas Brief fertig, als wir am Flugplatz ankamen.

Maurice war vor uns eingetroffen. Miriam war schon in das Gebäude gegangen, denn sie hatte Dienst. Fatma stand zwischen Maurice und Timothy und wandte ihr Gesicht verlegen zur Seite, als sie uns sah.

Daniel parkte neben Maurice. Meine Frau stieg zuerst aus und umarmte Fatma.

«Wieviel Zeit haben wir noch?» fragte ich Daniel.

«Es ist schon elf Uhr. In einer halben Stunde wird euer Flug abgerufen.»

«Könnten vielleicht Maurice und Timothy unsere Koffer aufgeben?

Und du nimmst bitte mit Esther einstweilen unser Handgepäck?»

Während die anderen sich zur Gepäckabfertigung in Bewegung setzten, nahmen meine Frau und ich Fatma in die Mitte, und wir gingen zum Wartesaal. Er war voller Menschen. Dennoch fanden wir drei nebeneinander stehende Sessel. Wir nahmen rechts und links von Fatma Platz. Es herrschte ziemlicher Lärm. Der Lautsprecher gab ständig ankommende und abgehende Flüge bekannt.

«Jetzt sind Sie doch entsetzt, nicht wahr?» fragte Fatma.

«Im Gegenteil, ich freue mich.»

«Sie freuen sich?»

«Ja, wenn Freude herrscht im Himmel über einen einzigen Sünder, der umkehrt, warum sollte ich mich dann nicht mitfreuen?»

Der Lautsprecher sagte: «Mademoiselle Madeleine R . . . wird gebeten, sich sofort in die Ankunftshalle zu begeben. Ihr Vater erwartet sie dort.»

Fatma schien erleichtert zu sein, daß wir sie nicht verurteilten. Sie wartete die Wiederholung der Durchsage ab.

«Kann mir überhaupt vergeben werden?» fragte sie dann.

«Bedingungslos», antwortete ich. «Sie haben Gott bekannt, nicht uns. Wir sind nur Zeugen.»

«Das weiß ich.»

«Die Maschine für den verspäteten Abflug nach Abidjan ist startbereit. Die Passagiere werden gebeten, sich sofort zum Ausgang C zu begeben», verkündete der Lautsprecher. Um uns herum entstand Unruhe. Verschiedene Leute neben uns erhoben sich und suchten nach dem Ausgang C.

«Sind Sie bereit, unser Wort der Vergebung als Gottes Wort der Vergebung anzunehmen?»

«Dazu bin ich bereit.»

«Dann lesen Sie, bitte, den letzten Abschnitt Ihres Briefes noch einmal vor.»

Ich gab Fatma den Umschlag, und sie faltete den Brief auf ihren Knien auseinander.»

«Ich möchte doch ein paar Zeilen vor dem letzten Abschnitt beginnen», sagte sie.

«Wie Sie wollen.»

Fatma mußte warten, bis die nächste Durchsage vorüber war. Die Tochter mit dem langen Namen, der mit R begann – vermutlich war sie aus Madagaskar –, hatte ihren Vater immer noch nicht gefunden. Wahrscheinlich konnte sie ihr Gepäck nicht allein aus der Zollhalle bringen, und den Trägern war es nicht gestattet, diese zu betreten.

Fatma las mit halblauter Stimme, indem sie jedes Wort langsam und betont aussprach: «In vollem Bewußtsein habe ich Gottes Gebote übertreten. Ich habe meinen Eltern nicht gehorcht und habe sie betrogen. Ich bin eine Ehebrecherin und eine Mörderin. Ich habe mein Kind abgetrieben . . .» Ihre Stimme versagte. Schließlich brachte sie hervor: «Abtreibung ist Mord. Das kann mir keiner ausreden. Kann ich das je wieder gutmachen?»

Meine Frau legte den Arm um Fatmas Schulter und sagte: «Fatma, es gibt Dinge, die wir nie wieder gutmachen können. Wir können sie nur unter dem Kreuz ablegen.»

«Ist dieser Platz besetzt?» erkundigte sich ein Mann, der sich mit zwei schweren Koffern schleppte. Ich bot ihm mit einer Handbewegung den Platz neben mir an, der gerade frei geworden war.

Fatma las weiter: «Ich wollte mich selbst töten. Ich weiß, daß ich Gottes Strafe verdient habe. Aber ich bitte Gott um Vergebung. Aus eigener Kraft kann ich nicht frei werden. Ich möchte neu anfangen. Bitte, helfen Sie mir, mein Zelt zu bauen.»

Fatma faltete den Brief wieder zusammen und steckte ihn sorgfältig in den Umschlag. Sie legte ihn auf ihren Schoß, breitete ihre Hände darüber, schloß die Augen und neigte ihren Kopf leicht nach vorn.

Der verspätete Flug nach Abidjan wurde wieder ausgerufen.

Wir legten jeder eine Hand auf Fatmas Hände. Ich sprach ihr die Vergebung zu und schloß mit Jesaja 33,20: «Deine Augen werden Jerusalem sehen als eine sichere Wohnstätte, als ein Zelt, das nicht zu wandern braucht, dessen Pflöcke niemals herausgerissen werden und dessen Seile alle unzerrissen bleiben.»

Fatma rührte sich nicht. Ihr Körper zitterte leicht. Endlich sagte sie: «Jetzt bin ich in Gottes Zelt, nicht wahr?»

«Ja, das ist Ihr Platz.»

«Miss W . . ., die auf der Warteliste für den Flug nach Paris und New York eingetragen war, wird gebeten, ihr Ticket am Schalter 5 abzuholen. Es ist ein Platz für sie frei geworden», kam es vom Lautsprecher her.

«Ich werde noch heute abend meine Sachen aus Johns Haus holen», sagte Fatma.

«Nehmen Sie Esther mit?»

«Gern. In den nächsten Wochen werde ich bei ihr wohnen. Sie hat mir erzählt, was Sie ihr über einen ‹Platz› gesagt haben. Pfarrer Daniel will versuchen, einen für mich zu finden.»

Unser Flug wurde vom Lautsprecher abgerufen.

«Noch zwei Dinge, Fatma», sagte ich. «Erstens: Sie können jetzt Ihr

Leben noch einmal beginnen. Sie sind frei, absolut frei. Die Vergangenheit ist ausgelöscht aus Gottes Gedächtnis. Wenn Sie sich mit vergebenen Sünden belasten, begehen Sie eine neue.

Zweitens: Die Gnade Gottes ist wie ein Licht, das langsam in dunkle Räume vordringt. Aber das ist ein Vorgang, der nie beendet ist. Deshalb kann es durchaus sein, daß Ihnen in den nächsten Tagen noch mehr Dinge aufgehen, an die Sie heute nicht gedacht haben. Seien Sie dann bitte nicht überrascht und entmutigt. Das ist eine normale Erfahrung. Sie bedeutet lediglich, daß Sie Ihr Leben dem Licht Gottes ausgesetzt haben.»

«Ich danke Ihnen.»

Daniel kam auf uns zugelaufen. «Ihr müßt aber jetzt sofort kommen. Hier sind eure Bordkarten. Die Leute gehen schon zum Flugzeug, und ihr seid noch nicht einmal durch die Paßkontrolle.»

«Unser Flug wurde doch eben erst abgerufen.»

«Aber schon zum zweitenmal. Ihr habt das erste Mal überhört.»

Wir standen auf und folgten Daniel, so schnell wir konnten. Fatma stand bei meiner Frau, während ich unsere Pässe abstempeln ließ. Sie sah Fatma aufmunternd an. Fatma spürte aus dem Blick eine Frage und antwortete:

«Mir ist seltsam zumute. Ich bin allein, und doch fühle ich mich nicht einsam.»

«Genau darum geht es jetzt», sagte meine Frau. «Nur die sollten heiraten, die auch fähig sind, allein zu leben. Gott will jetzt, daß Sie sich bewähren.»

Esther und Daniel übergaben uns unser Handgepäck. Nun hatten wir keine Hand mehr frei, um Hände zu schütteln. So umarmten uns unsere Freunde einfach.

«Esther, ich warte darauf zu hören, wie es heute abend bei John gegangen ist.»

«Ich werde sofort schreiben», versprach sie.

Wir gingen durch die Tür und ließen die anderen hinter uns zurück. Nur Miriam durfte uns noch zum Flugzeug begleiten. Unmittelbar wie immer fragte sie: «Wenn nun etwas daraus wird, spürt es dann das Mädchen auch zuerst?»

«Was meinen Sie denn selbst, Miriam?»

Sie antwortete nicht sofort. Erst als ich bereits die halbe Landetreppe hinaufgestiegen war, rief sie mir zu:

«Sie spürt's!»

Ich konnte ihr nur meine Zustimmung zuwinken. Wir waren die

letzten, die das Flugzeug bestiegen. Kaum hatten wir unsere Plätze nebeneinander eingenommen und uns angeschnallt, da setzte sich das Flugzeug in Bewegung und fuhr zur Startbahn hinaus.

Meine Frau legte ihre Hand auf die meine: «Es tut mir so leid wegen heute morgen ...»

«Ich glaube, wir müssen solche Täler durchschreiten», erwiderte ich, «damit wir andere besser verstehen können.»

Die Motoren heulten auf, und das Flugzeug raste über die Startbahn. Der Betonboden entschwand. Das Flugzeug stieg in den offenen Himmel hinein. Wieder waren wir unterwegs.

Schweigend saßen wir beieinander und dachten an die Stadt, die langsam hinter uns im Dunst verschwand, und an die Menschen, denen wir begegnet waren.

«Ich bin doch gern mit dir verheiratet», sagte meine Frau zu mir.

«Und ich mit dir.»

NACHBEMERKUNG

Wesentliche Einsichten verdanke ich dem Buch von Robert Grimm, Liebe und Sexualität (Katzmann-Verlag) sowie dem Buch von Paul Tournier, Geborgenheit – Sehnsucht der Menschen (Editio humana, Zürich. Engl.: A Place for You). Ich empfehle diese Bücher nachdrücklich zur Vertiefung. In meinen Bibelzitaten folge ich meist Hermann Menge und bei 1. Mose 2,24 Gerhard von Rad.

Der Verfasser dieses Buches wurde 1923 in Leipzig geboren. Studium der Theologie in Wien, Leipzig, Heidelberg, Paris und Rock Island, USA. Verheiratet seit 1952 mit Ingrid Hult aus USA, der Ehe entstammen fünf Kinder. Seit 1953 im Dienst einer lutherischen Kirche in Cameroun, Vortragsreisen in Tanzania, Zambia, Äthiopien, Papua-Neuguinea und Amerika. Seit 1965 hat er in Afrika gemeinsam mit seiner Frau eine Familienberatung für und durch Afrikaner aufgebaut. Er starb 1979.

Die folgenden schematischen Zeichnungen können als Gedächtnisstützen dienen

zu Seite 24

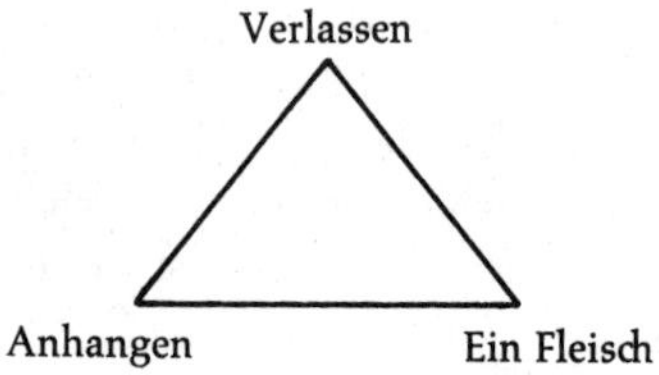

zu Seite 24 und 81

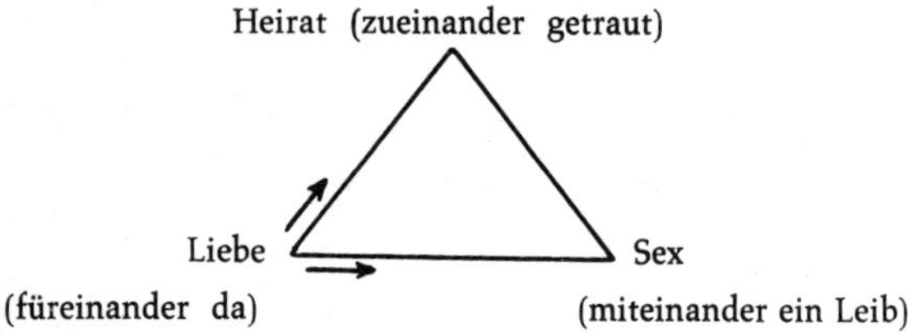

zu Seite 82

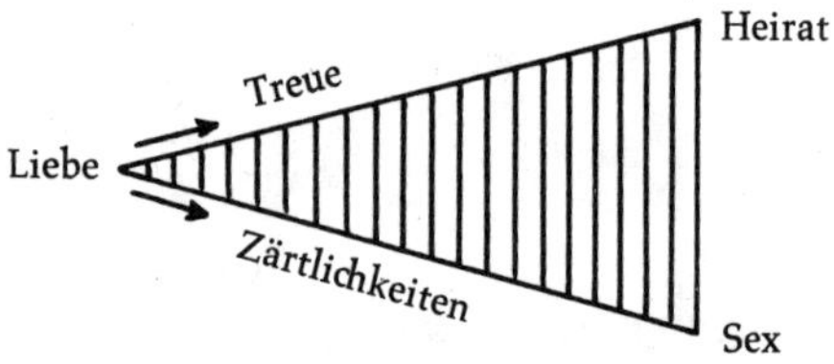

zu Seite 83 oben (vgl. auch S. 106)

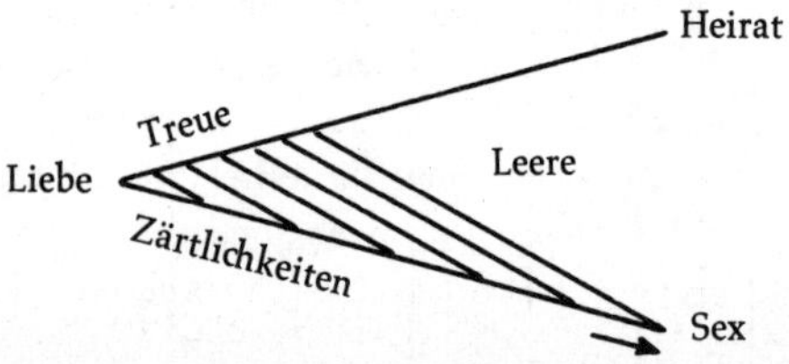